선교하다 죽으리!

예영세계선교신서 ⑧

선교하다 죽으리!

초판 1쇄 펴낸 날 · 2009년 4월 10일 | **초판 9쇄 펴낸 날** · 2015년 5월 29일
지은이 · 권영수 | **펴낸이** · 원성삼
등록번호 · 제2-1349호(1992. 3. 31) | **펴낸 곳** · 예영커뮤니케이션
주소 · (136-825) 서울시 성북구 성북1동 179-56 | **홈페이지** www.jeyoung.com
출판사업부 · T. (02)766-8931 F. (02)766-8934 e-mail:jeyoung@chol.com
출판유통사업부 · T. (02)766-7912 F. (02)766-8934 e-mail:jeyoung@chol.com

Copyright ⓒ 2009, 권영수

ISBN 978-89-8350-520-0 (03230)

값 12,000원

선교하다 죽으리!

필리핀 북부 산지족 선교에 일생을 바친 한국인 선교사 이야기

권영수

예영커뮤니케이션

아버지를 따라 선교지에 와 묵묵히 사역들을 감당하면서
책의 내용을 함께 다듬어 간
나의 하나밖에 없는 사랑하는 딸 애진이와
갓난 아이 같은 어린 신앙을 가지고 있으면서도
순종하며 선교사역을 돕고 있는 형규,
그리고 그 외 이 책이 나오기까지
수고하신 모든 분들께 감사를 드립니다.

머리말

    지난 몇 주간부터 안드레아 집사가 보이지 않는다. 예배 시간에 몇 번이고 뒤돌아 확인해 보았지만 안드레아 집사는 오늘 주일도 예배에 참석하지 않았다.

    안드레아는 지난 성탄절에 선교사이며 담임 목사인 나에게 무언가 선물을 하고 싶은데 선물할 것이 없어 조그마한 호박을 가지고 와서는 눈물을 글썽이며 수줍은 듯 내 앞에 내려놓고 도망치듯 사라진, 작은 키에 통통한 모습의 집사님이다. 그런데 벌써 몇 주째 집사님의 모습을 볼 수 없었다. 몇몇 사람을 통하여 수소문해 보았지만 모두 쉬쉬하며 입을 열지 않았다. 나는 더욱 궁금하여 2월 제직회 때 안드레아 집사 문제를 의제삼아 공식적으로 모든 제직들에게 문의를 했다. 무슨 영문인지는 몰라도 교회 집사들이 서로 눈치만 보고 있을

▶ 저기 2000M 고지 위에 첫 번째 사역지인 비키칸 부족이 있다.
그리고 저 산 너머에 N.P.A(신인민 공산 게릴라)의 진지가 있다.

뿐 선뜻 대답하는 이가 없었다. 다그치듯 재차 묻자 젊은 조세핀 집사가 일어나 조심스럽게 입을 열었다.

"선교사님, 좋지 않은 소식입니다. 그래서 모두 다 말하기 꺼려하는 것 같습니다."

조세핀 집사가 전하는 소식은 이러했다. 지난 연말 '팡가시간' 지역에서 살인강도 사건이 발생했다. 경찰들과 총격전 끝에 10명의 무장 강도 가운데 8명이 사살되었는데 그중에 한 명이 안드레아 집사의 아들이란 것이다. 이 소식을 전해 들은 나는 할 말을 잃은 채 하늘을 향하여 주님의 위로를 구했다.

그리고 얼마 지나지 않아 안드레아 집사를 만났다. 얼굴을 보니 반가웠으나 마음만은 참으로 아팠다. 조용히 집사님에게 다가가 주님의 사랑으로 꼭 안아 주며, "집사님, 하나님께서 집사님을 사랑하십니다." 라고 위로해 드렸지만 나는 그 다음 말을 잇지 못했다.

세월의 흐름을 따라 산지 원주민 부족에 문명의 바람이 일기 시작했다. 이들은 부족의 원시적인 삶보다 좀 더 나은 삶의 세계가 있다는 것을 깨닫기 시작했고, 조상 때부터 일구어 온 삶의 터전을 떠나 도시로 도시로 좀 더 나은 삶을 찾아 내려오지만 결국 이들을 기다리고 있는 것은 냉혹한 현실뿐이었다.

산지 원주민들은 배타적이고 부족 중심적으로 삶을 이루기 때문에 도시에 내려와서도 도시민들과 어울리지 못하고 자기들끼리 모여 도시 내에 또 다른 부족을 이루며 살고 있는 곳이 '케숀힐' 이라는 곳이다. 홀리고우스트, 케숀힐은 대부분 마운틴주 원주민들이 모여 사는 곳이며 '허니문' 은 갈링가 부족 원주민들이 나름대로 질서를 유지하며 살아가는 곳이지만 범죄의 온상이 되는 곳이다. 이들은 대부분 막노동과 과일 행상을 하고 있고 젊은이들은 직업을 갖지 못하고

▶ 이들은 나의 첫 번째 성도들이며 머리에 두른 하얀 띠는 뱀 뼈이며 담배 곰방대가 꽂혀 있다.

▶ 룸루바 부족을 방문하기 위해 아내와 함께 손을 잡고 흔들거리는 다리를 조심스럽게 건너고 있다. 다리 밑으로 '치코'강이 흐르고있다.

범죄의 유혹에 빠져 안드레아 집사의 아들과 같은 희생자들이 발생하게 된 것이다.

아내와 나는 학교 건축을 시작하면서 밤마다 케숀힐 교회에서 밤을 새워 기도해 왔다. 하지만 연말부터는 우범 지역의 심각성을 깨닫고 기도 시간을 낮 시간대로 바꾸어 기도하고 있다.

우리가 그토록 어려운 가운데서도 대학을 세우게 된 동기는 문명의 이기를 찾아 도시에 내려왔지만 냉혹한 현실의 벽을 뛰어넘지 못하고, 범죄의 유혹에 빠져 방황하고 있는 원주민 청소년들에게 꿈과 희망을 주기 위함이었다. 이들에게 한 가지 기술이라도 가르쳐 주어 자신은 물론 조상대대로부터 이어져 온 무속신앙과 가난의 연결 고리를 끊게 하고 이 산지에 진정한 복음의 꽃을 피워 그리스도의 계절이 오게 하는 것이 우리 선교의 궁극적인 목적이다.

선교사들의 사명은 주님의 복음을 전파하는 것이다. 그러므로 주님이 허락하신 땅에서 내 목숨 바쳐 말씀을 전하는 것이 당연한 일일 것이다. 그러나 주님 뜻 안에서 태어났음에도 불구하고 내 목숨 하나 바치기 위해서는 수없이 다짐하고 기도하며 결심해야 한다. 육신 안에 살고 있는 이상 어찌하겠는가, 연약한 인간의 생각과 마음 때문이리라. 주님 앞에 부끄럽고 산지족 원주민들을 가르치는 선생의 위치인 내 모습이 부끄러워진다. 그래서 내 자신을 힘들게 하면서까지 몰아 부칠 때가 많다. 조금도 나태해져서는 안 되겠기에 오늘도 내 몸과 생각을 불사르며 사정없이 굴린다. 하나님은 아시리라는 그 믿음으로, 내 믿음 절대 변치 않으리라는 결심으로, 원주민들의 본이 되어야 한다는 굳은 의지로 오늘도 살아간다. 이것만이 살길임을 알고 또 믿으며…….

추천사

　권영수 선교사님을 처음 뵌 지 약 10년이나 된다. 언제나 변함없는 그 모습, 그 얼굴에 필리핀 선교 역사가 다 들어 있다. 굳이 선교에 대하여 말을 하지 않는다 하더라도 그 얼굴만 뵈면 선교가 무엇인지, 무엇을 선교라고 하는 것인지 알 수 있다.

　선교사는 아무나 되는 것이 아니고, 선교의 사역들도 아무나 할 수 있는 것이 아니다. 필자 또한 10년의 짧은 사역을 하고 있지만 그 동안에 선교사로 부름을 받았다고 말하는 분들이 2년 혹은 3년, 아니면 1년도 다 채우지 못하고 철수하는 경우가 많았다.

　즉, 꾸준히 선교사로 사명을 감당하는 분들이 많지 않다는 사실이다. 권영수 선교사님은 강산이 두 번이나 바뀌는 세월을 필리핀 북부 산지족 영혼들을 위하여 오로지 헌신하신 분이고, 그 은혜의 역사도 앞으로도 계속 되리라고 본다.

필리핀 선교사역에 있어서 권영수 선교사님의 사역이 혹시 빠진 다면 필리핀 선교 역사는 제대로 기록이 안 된 것이라 볼 수 있다. 그 만큼 그의 사역은 필리핀 선교사역에서 큰 비중을 차지한다.

그는 필리핀 북부 산악지역을 중심으로 큰 사역을 일구어내셨다. 약 20년의 세월 동안 60개의 교회 개척과 신학교와 일반대학(재학생 3천 명)을 설립했다. 어찌 이 사역들을 작다고 평할 수 있겠는가. 한 마디로 지금까지 그의 사역은 주님 손에 붙들린 사역이었던 것이다.

100여 년 전 한국 땅에 복음을 전하러 왔던 선교사들이 빛을 잃은 한국 민족에게 교육기관을 세워 한국의 앞날을 제시했던 것처럼 권영수 선교사님의 관점도 같은 시각으로 필리핀 민족을 바라보고 있는 것이다. 그리고 권선교사님의 '교육'에 대한 열의는 어제 오늘 시작된 것이 아니라 그의 조부로부터 비롯된다.

조부 권기주(권옥철)는 그 당시 일본과의 해산물 무역을 통하여 많은 돈을 벌게 되었고 암흑과 도탄에 빠진 이 민족의 독립을 위해 동분서주하며 독립운동 자금을 모금하던 김구 선생에게 막대한 자금을 내놓으시며 독립운동에 참여하셨다. 큰아버지 역시 독립운동을 하신 분이었다. 친할아버지이신 권기주는 1948년 해양대학 설립논의가 있을 당시 16만 5천여 ㎡의 땅을 기부하여 인재 양성에 앞장섰던 것이다. (연합뉴스, 2008년 5월 10일)(조선일보)

'피는 못 속인다.' 라는 말이 있다. 친할아버지가 '민족' 을 사랑하고 '교육' 을 통하여 한국 민족에게 앞날을 제시했던 것처럼 손자 되신 권영수 선교사님도 자신의 선교지에서 똑같이 행하고 있다. 필리핀 땅에도 수많은 교육기관이 있지만 '그리스도의 정병' 으로 훈련시키기에는 역부족이라고 깨달은 권 선교사님은 정말로 하나님의 일꾼으로 양성시키기 위해서 기도하며 학교를 세웠다. 그는 이 대학을 통하여 필리핀의 현재와 미래를 짊어질 일꾼을 배출하기 위하여 끊임없는 기도를 하고 있다.

특별히 '산지족 영혼' 들을 위하여 젊은 청춘을 다 바쳐 헌신하신 권 선교사님은 후대에까지 존경 받는 인물로 남으리라 확신한다. 훗날 100년이나 200년 또는 300년이 흐른 후, 우리 후손 중 누군가가 이 책을 읽고 가슴이 뜨거워져 '오지 선교사' 로 헌신하게 된다면, 그때 하늘나라에서 선교사님이 주님 품 안에서 환하게 웃고 있지 않을까…….

이 책은 그저 읽는 책이 아니라 기도하는 마음으로 읽는 책이고,

권 선교사님의 피눈물 나는 고백들이 독자들의 가슴 속에 영원히 살아 움직이기를 기원한다. 필자는 필리핀 선교의 큰 나무이신 권 선교사님의 일생이 담긴 「선교하다 죽으리!」라는 책을 읽다가 가슴이 뜨거워지고 솟구치는 눈물은 통곡으로 변했으며 그 감격과 그 감동은 아직도 식을 줄 모르고 있다.

성도님들과 교역자님들, 그리고 선교 지망생들에게 이 책을 한 번 꼭 읽어보라고 권하고 싶다. 즉 '선교'를 말하는 기독교인이라면 죽기 전에 꼭 한 번 읽으셔야 후회가 없을 것이다.

2009년 4월
선교사 김용섭

CONTENTS

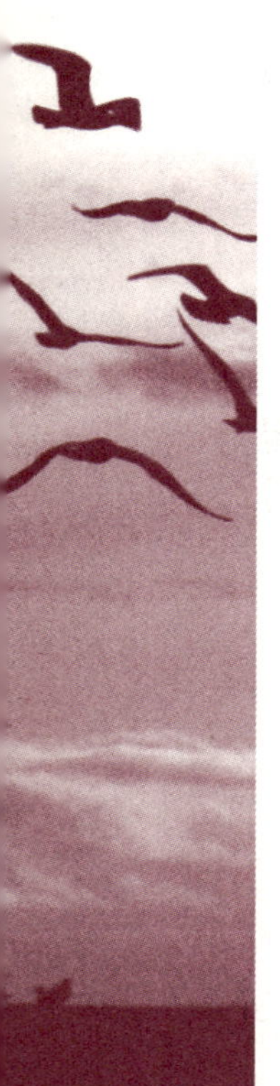

어린 시절

1952년 10월, 나는 아버지 권영하와 어머니 임지희 사이에서 4남 1녀 중 셋째로 태어났다. 당시 세상은 전쟁의 상처가 채 아물지 않았던 어려운 시기였다.

이때에 내게 있어서 위대한 사건이 하나 벌어지게 된다. 그것은 하나님과 첫 만남이었다. 조상 대대로 예수님을 믿었던 것도, 부모님이 믿었던 것도 아니다. 그러나 하나님의 만세 전 계획된 부름으로 어린 나를 부르신 것이다. 이 어찌 하나님의 은혜에 감사하지 않겠는가.

곧 창세 전에 그리스도 안에서 우리를 택하사 우리로 사랑 안에서 그 앞에 거룩하고 흠이 없게 하시려고(엡 1:4)

그러나 내 어머니의 태로부터 나를 택정하시고 그의 은혜로

나를 부르신 이가(갈 1:15)

내가 먼저 하나님을 찾은 것이 아니라 하나님이 나를 찾아오셨다. 아주 어린, 철부지인 나에게 그분이 직접 오신 것이다. 내가 처음 복음을 받아들이게 된 것은 내 나이 6살 때쯤, 물장구치고 놀던 동네에 있던 조그마한 교회로 인해서다. 교회에서 여름 성경학교가 열렸고 어린 나는 어여쁜 선생님에게 마음을 빼앗겨 동네 냇가에서 놀다가 난생 처음 교회에 나가게 되었다.

처음 교회 나온 내 모습을 떠올려 보면 지금 생각해도 웃음이 절로 난다. 검정 속옷에 검정 고무신, 그리고 윗몸은 벗은 채… 나를 교회로 이끄셨던 그 여선생님은 "이름표를 어디에 달아주지?" 하시면서 검정 팬티 옆에 '참외반' 이라고 적힌 이름표를 달아 주셨다.

얼마나 오묘한 하나님과의 첫 만남인가. 50년 가까운 지난 세월의 옛 기억이 아직도 생생한 것을 보면 하나님께서는 어리고 철부지였던 나와의 첫 만남을 깊은 인상으로 남기시기 위해 그런 예상치 못한, 약간은 우스꽝스러운 상황 속에서 나를 이끄신 것 같다. 이렇게 해서 나는 교회에 다니기 시작했다.

▶ 산지족 원주민 아이들이 두 손 모아 기도를 드리고 있다. 어린
아이들의 눈망울에 간절함이 깃들어 있다.

▶ 아이따 부족의 어린이들이 바나나 나무 껍질에 밥을 담아서 손
으로 먹고있다. 신발을 신은 아이가 하나도 없다. 이들에게 시급
한 것은 먹는 문제 해결과 질병에서 보호받는 일이다.

당시 나의 아버지께서는 일본을 다녀오신 유학파였고, 할아버지는 목포에서 해산물을 일본으로 수출하는 무역업을 하셔서 우리 집은 남들이 부러워할 만큼 누리며 살았다. 그러나 아버지는 일제강점기와 한국 전쟁을 겪으면서 뜻을 제대로 펴 보지 못하자 매일 술로 밤을 지새우며 가족들에게 분풀이를 하셨다. 계속 되는 아버지의 방탕 생활로 우리 온 식구는 마음과 생활이 점점 피폐해져 갔다.

내가 초등학교 다닐 때 어머니께서 늘 말씀하셨다. "너희는 부모를 통해서 배울 것이 없으니 교회 나가서 좋은 말씀 듣거라." 그때부터 나는 본격적으로 교회 나가는 일에 열심을 내었다.

내 위에 형이 있었다. 얼마나 똑똑한지 남들에게 칭찬과 기대를 한몸에 받은 사람이었다. 그러나 아버지의 방황으로 형은 성격이 비뚤어져 갔고 동네의 주먹 세계에서 알아주는 사람이 되었다. 형에 비해 나는 똑똑하기보다는 착하고 순박한 아이였다. 나에게 주어진 학업에 충실했고 교회 생활, 신앙 생활에 열심을 내는 소년이었다. 초등학교를 졸업할 때는 공부 성적이 뛰어나 우등상을 타기도 했다.

할아버지는 깊은 생각 끝에 결단을 하셨다. 아버지의 방랑과 방황, 그리고 자손들을 공부시켜야 한다는 이유에서다. 그러기 위해서는 변화가 필요하다고 판단하시고 우리 가족은 할아버지께서 마련하여 주신 돈으로 서울로 이사를 했다. 그러나 아버지는 서울에서도 여전히 방랑과 방황 생활을 계속하셨는데 어느 날에 이르러서는 아예 가족 몰래 집을 팔아 잠적하시고 말았다. 새로운 서울 생활에 희망을 가져 보기도 전에 일어난 일이다.

조그만 가정에 행복과 평안 그리고 기쁨을 안겨 주어야 할 가장이 집을 팔아 나가다니…. 또 다른 고통이 밀려왔고 우리는 다시 아버지를 떠나 외삼촌댁으로 이사를 했다. 그러나 그 집도 넉넉한 형편이 아니어서 머물 방이 없어 좁은 마루 바닥에서 힘들게 생활했다.

이런 상황들이 계속되는 동안 나는 형과 어머니의 대화를 우연히 엿듣게 되었다. "어머니, 제가 이번에 기회를 놓쳐 대학을 못 들어가면 영원히 못 들어갑니다. 그러니 영수를 중학교 보내지 말고 저를 보내 주십시오!" 이때 어머니의 말씀이 "너는 똑똑하지만 영수는 세상물정 모르고 순박한데 저 아이가 중학교라도 가야 하지 않겠느냐." 똑똑한 머리, 그러나 따라 주지 않는 환경, 또 아버지와의 갈등과 방황, 형은 3번의 자살시도에 결국, 꿈을 이루지 못한 채 세상을 마감하게 되었다. 그때 나는 중1 때였고, 어머니는 말로 형언할 수 없는 슬픔과 충격에서 헤어나지 못했다. 어머니는 대학진학을 못한 것이 형을 죽게 한 것이라 생각하시며 더욱 가슴 아파하셨다.

나의 가족은 회기동 외삼촌 댁에 더 이상 머물 수 없어 이사를 하게 되었다. 어머니께서 가족을 이끌고 간 그 주변은 더럽고 냄새가 나는 곳이었지만 우리 가족은 전혀 선택의 여지도 없이 이곳까지 밀려오게 되었고 기본적으로 갖추어야 할 화장실도 없는 조그만 '루핑집'에서 살아야 했다.

가족을 버리고 집을 나간 아버지 대신 어머니는 생계를 위하여 블록 만드는 공장에 다니셨다. 남자들도 하기 힘든 그 고된 노동을 아버지가 없으므로 대신 할 수밖에 없었던 것이다. 그러나 턱없이 부족하게 받는 돈으로 가족을 배불리 먹일 수가 없었다. 서러움 중에 제일 큰 서러움은 못 먹는 서러움이라 했던가?

하나님이 지으신 세상을 살고 있었지만 우리는 제대로 먹지도, 입지도 못했고 사람다운 생활을 유지하지도 못했다. 돈이 없어 칼국수 만드는 공장에서 햇볕에 말리다가 땅바닥에 떨어진 국수를 싸게 사서 마른 멸치 몇 마리를 함께 넣어 한참 끓여 익혀 놓은 칼국수 죽으로 하루 세끼를 모두 해결해야 했다.

이 글을 쓰고 있는 지금, 지난날의 배고픈 시절을 생각하니 끊임없이 흐르는 눈물이 멈추어지지 않는다. 아마 이 눈물은 그 시절의 아픔을 대신해 주는 것이리라. 나의 과거에 대한 회상을 지금의 필리

핀 산지족 어린이들의 모습과 맞물려 보면서 지난날 못 먹던 어린 시
절을 보는 것과 같아 더욱 더 필리핀 산지족 영혼들에게 애착이 간
다.

우리 형제들은 모두 똑똑하고 명석했다. 누님은 광주사범대학을
다니다 가정 형편상 학교를 다 못 마치고 시골에서 사귀어 오던 청년
과 결혼한 후 우리 곁을 떠났다. 나는 우수반에 들어갔고 한편으로는
조그만 돈이라도 벌겠다고 신문을 돌리기도 하고 팔기도 했다. 학생

의 신분으로 나는 이렇게 어린 나이 때부터 생활 전선에 내몰려 살았던 것이다.

봄과 가을이 되면 담임선생님께서 가정 방문을 하신다. 나의 가정의 초라함을 선생님과 친구들에게 보여 주고 싶지 않아 매일 종례를 하기 전에 학교를 빠져나와 도망갔던 생각이 난다. 그 다음날은 어김없이 반 친구들 앞에 불려나와 대걸레 막대기로 엎드려진 채 수없이 맞았었다. 그러나 내 뜻은 바뀌지 않았고 결국 선생님은 가정방문을 포기하셨다.

그때 중학교 2학년 담임 선생님이 야속했다. 나의 가정 형편도 모르시고 야단만 치셨으니…. 그렇게 나의 어린 시절은 지나가고 있었고, 중학교 졸업 후에도 고등학교에 바로 진학하지는 못했다.

하나님의 부르심

나는 종암동 집 근처에 세워진 은혜교회(후 종암제일 교회)에 나가게 되었다. 이 교회는 루핑교회였는데 당시 나의 유일한 삶의 공간이자 안식처였다. 지금 우리가 루핑을 생각하면 "우습게도 루핑교회가 뭐야?" 이렇게 말할 수도 있지만 그 당시 내가 살던 동네에서 루핑은 그렇게 시대에 뒤떨어진 유물은 아니었다. 우리 동네 자체가 어디 갈 데 없어 모인 사람들이 대부분이었고 빈민가였기에 루핑교회는 그렇게 흉이 안 되었다.

여기서 내 믿음의 진보는 열심 있는 신앙생활로 인해 한 단계 더 올라갔다. 오물천 옆 루핑교회는 고 임은종 목사님께서 개척하셨다. 나는 이곳에서 영생의 말씀을 들었고 목사님을 통하여 세례를 받았다.

그 당시 가난하고 헐벗었던 많은 성도들이 이 천막교회를 통하여 삶의 위로를 받았고 기쁨을 찾았다. 그때 나를 지도하셨던 최재우 전도사님(현 성동중앙교회 시무)을 만나게 되었는데 그분이 바로 나의 신앙의 멘토가 되셨다. 최 전도사님은 성경의 기초부터 나를 잘 양육시키셨다. 오늘의 내가 있게 된 것도 그분의 가르침과 신앙 철학을 본받았기 때문이라고 감히 말할 수 있다.

중학교 2학년 때의 어느 날, 종암동에서부터 걸어서 약 1시간 거리에 있는 동도 교회(당시 담임, 최훈 목사님)에서 부흥 집회가 열렸다. 나는 학교를 마치고 저녁 부흥회를 참석하기 위하여 걸어 갔다. 그 당시의 부흥회는 지금처럼 짧지 않고 일주일 동안 계속 되었다. 부흥회에 참석하고 있는 동안 내 마음은 무언가 해결하지 못한 답답함으로 가득차 있었다. 어제 시작한 듯한 부흥회는 이제 마지막 밤을 맞이하게 되었지만 '부흥회가 이렇게 끝나버리면 안 되는데.' 하는 마음이 가슴 한쪽에 자리 잡고 있었다.

부흥회 마지막 날 밤 통성기도 시간에 오늘은 그 전 날과는 다른 감동이 오면서 나도 모르게 주님을 외치기 시작했다. "주님! 나는 주의 종이 되겠습니다. 나를 받아 주옵소서. 그리고 나를 써 주옵소서." 이 기도의 외침은 나의 의지의 결단이 아니라 성령의 감동과 함께 내 영혼의 외침이었다. 그 순간 지금까지 나를 짓누르고 있던 답답함이 사라지게 되었고 형언할 수 없는 기쁨이 나를 가득 채웠다.

예수 그리스도의 종 바울은 사도로 부르심을 받아 하나님의 복음 을 위하여 택정함을 입었으니(롬 1:1)

그날 나는 거듭남을 체험했고 하나님께서 나를 주의 종으로 부르셨음을 깨달았다. 인생을 살아가다가 어려운 일을 만나더라도 이날을 기억하면 새로운 용기가 솟아오른다.

여섯 살 된 나를 가족 중 처음으로 교회로 이끄셨고, 9년 후 중학교 2학년, 열다섯 살이 된 해에 하나님께서 나를 주의 종으로 부르신 것이다. "주의 종이 되겠습니다. 나를 받아 주옵소서. 그리고 나를 써 주옵소서." 이 말은 내가 생각해 낸 말이 아니었다. 하나님께서 내 입을 통해 내 자신이 듣도록 하신 말씀이었다. 어느 누가 스스로 하나님의 종이 될 수 있다고 말할 수 있겠는가.

하나님은 지원자는 받지 아니하신다. 예수님의 12제자 중 1명의 제자라도 자기 스스로 제자가 된 사람이 없고, 바울 역시 자신의 의지와는 전혀 상관없이 주의 종이 되었다(롬1:1). 나는 뜨거운 하나님의 은혜를 경험하면서 내 스스로 말할 수 없는 '주의 종의 헌신'을 고백하고 있다. 하나님의 은혜가 얼마나 크신가! 아무도 믿지 않는 가정에서 처음으로 불러 주심도 감사한데 이제는 수많은 영혼을 구원하시려고 이 작은자를 하나님의 종으로 불러 주셨으니 말이다.

나는 집회를 마치고 집으로 곧장 가지 아니하고 교회를 향하여 발걸음을 옮겼다. 그때 신학교 야간수업을 마치고 교회로 오신 최 전도사님을 만났다. 나는 자신에게 일어난 사건에 대해서 말하기 시작했다. "전도사님, 나는 이제 주의 종이 되겠습니다." 그리고 그 기쁨과 감격을 말했더니 전도사님은 내 머리에 손을 얹고 기도해 주셨다.

> 아들 디모데야 내가 네게 이 교훈으로써 명하노니 전에 너를
> 지도한 예언을 따라 그것으로 선한 싸움을 싸우며(딤전 1:18)

집에 돌아온 아버지

chapter 03

중학교 2학년 어느 날, 학교 수업 중에 누가 부른다고 하기에 학교 운동장으로 달려 나갔다. 그런데 이게 웬일인가. 가족을 다 팽개치고 사라지셨던 아버지가 지금은 거지와 다를 바 없는 행색으로 수많은 친구들이 공부하고 있는 학교로 나를 만나러 오셨던 것이다. 정말 나는 미칠 지경이었다. 친구들 앞에서 얼마나 나 자신이 부끄러웠던지 나는 아버지가 정말 미워 견딜 수 없었다.

거지차림의 아버지는 내가 수업이 마치기를 기다리셨다. 수업후 오두막 집으로 향하는데 내 발걸음은 걷고 있는지 마는지 알 수 없었다. 온갖 잡다한 생각을 하다가 집에 겨우 도착했다.

다시 암울해졌다. 현실이 살아 있는 지옥으로 다시 변해갔다. 이제는 그나마 가졌던 소박한 꿈과 행복도 산산이 부서지는 파도처럼 되어 버리고 만 것이다.

아버지는 생계를 위하여 길거리에서 팥빙수장사, 붕어빵장사, 칼갈이, 그리고 나중에는 도로 공사장에서 아스팔트 까는 일도 했다. 그러나 술만 마셨다 하면 여전히 어머니와 식구들을 괴롭히는 것이었다. 나는 이런 아버지가 정말 싫었고, 어떤 때는 아버지가 없었으면 좋겠다고 생각마저 했다.

중학교 1학년, 2학년 나의 학교 성적은 우수했지만 아버지가 돌아온 후부터는 성격에 장애가 오는 듯 하면서 성적도 서서히 떨어지기 시작했고, 반항적 성격에다 왠지 모든 것이 불만으로 가득 찼다. 때로는 나를 지도하시던 최 전도사님께 대들기도 했다. 그때 일을 생각하면 참으로 죄송한 마음뿐이다.

어느덧 중학교를 졸업하게 되었다. 그러나 졸업식 날 아무도 찾아오지 않았다. 많은 친구들은 부모 형제 자매와 친구들이 와서 함께 기뻐하며 꽃도 달아 주고 사진도 찍어 주는데 그날의 내 모습은 마치 고아나 다름없었다. 아무도 안 왔다는 사실에 대하여 왠지 부끄럽고 마음이 아파 화장실에 들어가서 실컷 울었다. 사람들이 없는 틈을 타서 홀로 집으로 가면서도 나는 하늘을 보면서 한없이 눈물을 흘렸다.

다른 친구들은 아버지 어머니, 그리고 친척들까지 와서 축하해 주는데 우리 집은 왜 이럴까?

한편, 나의 행동은 반항적이었지만 내 마음 깊은 곳에서는 하나님을 향해 부르짖는 애절한 외침이 있었다. '하나님, 이런 환경에서 벗어나게 해 주세요!' 그때 나는 어린 나이임에도 최 전도사님을 통하여 성경을 체계적으로 배웠는데 그 시절에 배운 성경이 지금도 나의 삶과 사역에 기초가 되었다. 성경퀴즈, 성경시험, 성경 빨리 찾기, 그리고 성경암송대회 등등 모두 다 1등을 했다.

성경에 관련된 뛰어난 실력을 담임 목사님이 보시고 "너는 우리 교회에서 모든 학비를 지원해 줄 테니 앞으로 신학 공부를 하거라." 며 격려도 해 주셨다. 그러나 나는 그럴 형편이 못 되었다. 혹시나 하고 어머니께 목사님이 하신 말씀을 드렸더니, 어머니께서 가정 형편이 이렇게 어려운데 네가 무슨 일이라도 하여 가정을 도와야 할 것이 아니겠느냐 하시며 말끝을 흐리시는 것이었다. 그래서 신학교 공부를 포기하고 무엇이든 닥치는 대로 먹고 살기 위하여 내 몸을 내던져야 했다.

박경순 사모와의
운명적 만남과 고난의 터널

chapter 04

　내 나이 스무 살 때 외삼촌이 경영하는 조그만 개인 회사에 다닐 무렵이었다. 어느 날 몸 상태가 좋지 않아 성북구 보건소에서 진찰을 받았는데 청천벽력 같은 결과가 나왔다. 폐결핵이었다.

　어쩌면 당연한 결과인지도 모른다. 집에는 먹을 것도 없었고 주변 환경 역시 너무 열악했기 때문이다. 어머니가 오죽했으면 "식당에 취직하면 먹을 것이야 주지 않겠느냐!"라고 하셨다. 많은 세월이 흘렀지만 어머니의 가슴 아픈 말씀이 내 귀에 그리고 내 마음 속에 파도처럼 아픔으로 밀려온다.

　당시 종암동에서 하월곡동 산동네로 또 이사를 하게 되었다. 이곳 역시 우리와 같이 살기 힘든 사람들이 모여들었고 정부 땅인 그곳에 새끼줄을 치면 내 땅이 되는 산동네였다. 나는 하월곡동에서 매일 새벽마다 걸어서 30분 내지 40분 되는 거리에 있는 종암동의 교회까지 다녔다. 그런데 나에게 말할 수 없는 아픔이 왔다. 숨이 가쁘고 기침이 나오고 등이 끊어질 듯한 고통이 이어졌다. 아마도 이런 통증들은 결코 경험해 보지 않고는 알 수 없으리라.

식사할 때는 비록 형편없는 식사였지만 폐결핵 환자였기에 가족들과도 오순도순 같이 먹지도 못했다. 감염을 염려한 어머니의 지시로 식사도 따로 하고, 식기도 따로 세척했다. 그러던 중 하월곡동 바로 집 옆에 월산교회(김경철 목사님 개척)가 들어섰다. 왠지 이 개척교회에서 봉사하고 싶은 마음이 생겼다. 그래서 기도로 결정하고 교회를 옮기게 되었는데 그때 내 나이 스무 살 때의 일이다. 신학교 입학 전이었지만 주일학교 부장, 성가대 지휘 등등, 그 교회 전도사 역할을 다 하였다. 생각해 보면 그때의 열심과 정열은 지금도 따라갈 수 없을 것 같다.

여름성경학교 때는 오전과 오후 직장일에 몰두해야 하는데도 나에게는 교회 일이 우선이었다. 하나님의 일이 더욱 중요하고 소중했기에 어떻게 하든 오후에는 직장을 빠져 나와 여름성경학교를 이끌었다. 이렇게 오후, 저녁, 새벽은 교회에서 봉사하고, 그 다음날 오전에는 다시 직장으로, 다시 오후에는 교회로 나오는 일을 반복했다.

이런 수고를 해서인지 여름성경학교는 은혜롭고 성공적으로 마쳐져 나의 마음은 끝없는 희열로 가득 찼다. 비록 내 육신의 몸은 병들어 고통스러웠지만 낮이나 밤이나 주를 향한 이 마음은 기쁨으로 가득 찼던 것이다.

김경철 담임 목사님은 나의 치료를 위하여 친히 집까지 찾아오셔서 의사처럼 항생제 주사를 놓아주셨다. 그 사랑과 희생이 고마울 뿐이었다. 몸 또한 점점 회복의 기미가 보였고, 그렇게 직장과 교회를 열심히 다니던 중 그 교회에서 나의 평생의 반려자인 박경순 사모와의 운명적인 만남을 갖게 된다.

박 선생은 경기도 수원이 집이었는데 직장을 따라서 서울로 오게 되었다. 그녀는 어려서부터 수원 칠보산 기도원에서 신앙생활을 시작했고 기도원에서 신앙 훈련을 받아서 그런지 신앙의 기초가 든든히 서 있었다. 박 선생이 방언기도를 하게 되면 마치 어떤 음악의 아

▶ 앞바토 부족에서 복음을 전한 후 조그만 선물을 나누어주고 있다.
내 오른편에 서 있는 자매는 벌써 세상을 떠나 하나님 품에 있다.

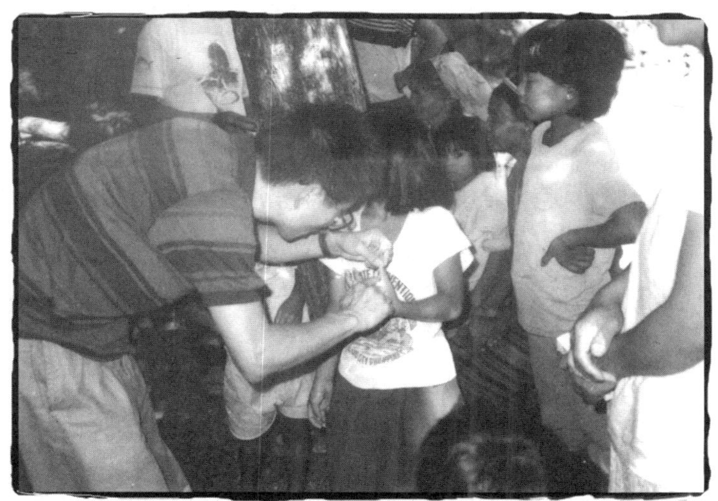

▶ 어린 아이들의 피부병을 치료하고 있는 권 선교사

름다운 오케스트라 연주를 듣는 것처럼 신기하고 오묘했다. 무슨 내용인지는 모르지만(하늘의 언어로 기도하기에) 사람들 모두 기도 소리에 진한 감동을 받았으며 자연 흠모의 대상이 되기도 했다.

나는 몸이 아프거나 환경의 어려움을 당할 때 박 선생을 신앙적으로 많이 의지하고 있었지만 이성적 감정까지 싹텄던 것은 아니었다. 그때는 단지 신앙이 삶의 우선순위였다.

한편, 나의 몸은 점점 좋아지는듯 하다가 다시 약해져 결핵이 재발하였다. 한번 재발한 결핵은 마치 성난 파도처럼 나를 집어 삼킬 듯 위협했다. 숨을 쉴 수 없을 정도로 가슴이 답답하고 기침과 각혈이 계속 되면서 살아 있지만 송장과 다름이 없다는 것을 느꼈다. 이제 살 소망이 끊어진 상태가 된 것이다.

> 형제들아 우리가 아시아에서 당한 환난을 너희가 모르기를 원
> 하지 아니하노니 힘에 겹도록 심한 고난을 당하여 살 소망까
> 지 끊어지고(고후 1:8)

순간 나의 생명은 이대로 끝날 것 같은 공포가 엄습했다. '형도 그렇게 가 버렸는데 나마저 어머니 앞에서 숨을 거둔다면 어떻게 되

겠는가?' 마음을 굳게 먹은 나는 조그만 짐 보따리를 싸들고 강원도 철원에 위치한 '대한수도원'을 찾아갔다. 실상 나는 이때 천국 가겠다는 각오로 기도했는데 아들 된 도리로서 차마 부모 앞에서 죽음의 모습을 보이고 싶지 않았던 것이다. 나의 모든 희망과 욕망의 끈을 풀어 버리고 절대자 앞에 내 육신과 영혼이 나아갔던 것이다. 내가 살아오리라고는 기대하지 않았다.

내가 여호와의 이름으로 기도하기를 여호와여 주께 구하노니
내 영혼을 건지소서 하였도다(시116:4)

기도원에 도착하여 밤에 잠을 청하려 해도 잠은 오지 않았다. 가슴은 계속 답답했고, 멈출 수 없을 정도로 고통스러운 기침은 나의 의지와 상관 없이 지속되었다. 이 상황을 견딜 수 없어 나는 성경을 들고 무작정 밖으로 나갔다. 한밤중임에도 불구하고 별빛에 출렁거리며 유유히 흐르는 한탄강물이 눈 안에 들어왔다. 나는 강변에 있는 일명 '회개바위'에 걸터 앉아 숨이 차 헐떡이는 가슴을 부여안고 하나님께 푸념 섞인 기도를 했다.

"하나님, 저를 살려 주세요. 아니면 저를 죽이시든지요. 정말 너

무 힘들어서 숨을 쉴 수가 없어요."

이렇게 몸부림치며 기도하기를 새벽 두세 시쯤 되었을까? 나는 그만 지쳐 바위틈에 쭈그리고 앉아 잠시 잠이 들고 말았다. 그런데 강 건너 절벽에서 어떤 희미한 음성이 들려오는 것 같았다. 희미한 음성은 어느덧 우레와 같은 소리와 함께 비수가 되어 나의 가슴팍에 꽂히는 것이었다. 그것은 다름 아닌 주님의 음성이었다. 그런데 그 소리를 자세히 들어보니 "내가 너를 고쳐 주리라. 내가 너를 살려 주리라."는 말씀이 아니라 "내가 너를 사랑하노라. 내가 너를 사랑하노라."는 말씀이었다. 나는 이 소리를 듣고 깜짝 놀라 잠에서 깨어났다. 그리고 그 자리에서 일어나 찬 이슬 공기를 헤치며 "내가 너를 사랑하노라."라는 주님의 말씀을 수없이 되뇌이며 숙소로 돌아왔다.

여호와께서 내 음성과 내 간구를 들으시므로 내가 그를 사랑하는도다(시 116:1)

"할렐루야! 주님, 감사합니다. 주님이 나를 사랑하시는데 나는 그것으로 만족하겠습니다. 내 마음에 주님의 기쁨으로 가득 차게 되었습니다. 그리고 내 생명이 다하는 그날까지 주님의 놀라우신 사랑에 보답하겠습니다. 찬송하며 내 생애를 마치겠습니다."

이제 더 이상 내게 있어 가난과 질병은 아무런 문제가 되지 않았다. 마음 한 구석에 늘 자리잡고 있던 두려움과 근심도 봄눈 녹듯이 다 사라지고 말았다.

> 나의 생전에 여호와를 찬양하며 나의 평생에 내 하나님을 찬
> 송하리로다(시 146:2)

나는 이렇게 고백을 하며 "내가 너를 사랑 하노라."라는 그날 밤의 주님의 음성을 마음 속에 간직한 채 기도원을 내려왔다. 그러나 여전히 육신의 아픔은 계속되었다. 하지만 지금의 아픔은 결코 나를 절망의 늪에 빠지게는 못했다. 오히려 아픔과 고통이 더하면 더할수록 주님 앞에 더욱 가까이 나아가는 원동력이 되었다.

어느 날 내 삶 속에 의지가 되었던 박 선생이 회사와 함께 경기도 용인으로 가게 되었다는 소식을 들었다. 수요일 저녁 예배 때 담임 목사님의 광고 말씀을 통해서였다. 박 선생은 나와 함께 주일학교 교사, 청년회, 성가대 등에서 함께 활동했던 주요 핵심 멤버였다. 오로지 교회를 세워가며 서로 협력을 같이 하던 사람이었다. 나이는 동갑

이었지만 박 선생의 깊은 신앙심에 대해 남다른 존경심을 가지고 있던 터였다. 이렇게 헤어지면 다시는 만날 수 없을 것 같은 마음에 슬픔은 더했다. 더욱이 평소 마음 속으로 박 선생을 의지했던 나로서는 더욱 충격이 컸다.

나는 이대로 보낼 수 없다는 생각이 들었다. 박 선생을 만나 이야기를 해 볼 참이었다. 미리 준비한 말도, 용건도 따로 없었지만 어쨌든 그냥 이대로 보내서는 안 된다는 생각뿐이었다.

하지만 예배를 마친 후 사택을 따라 들어갔던 박 선생이 나올 기색이 없다. 오늘따라 왜 이리도 시간들이 길게 느껴지는지, 나는 밖에서 기다리는 동안 박 선생과 함께 했던 지나간 일들이 머릿속에 주마등처럼 지나갔다. 기뻤던 일들, 슬펐던 일들, 교회 부흥을 위해서 서로 마음을 모으며 헌신했던 일 등등… '이제 나오면 뭐라고 말하지?' 밖에서 서성이며 혼란스러운 마음을 추스르는데 여전히 박 선생은 나오지 않았다. 그러는 가운데 예전에 생각지 못했던 이상한 감정이 내 마음 아주 깊은 곳에서부터 서서히 싹터 오르기 시작했다.

'박 선생을 붙잡아야지!' 꼭 그래야만 될 것 같았다. 어찌 보면 내 어두운 삶에 있어 마치 한 줄기 빛과 같았다. 기다리다 지친 나는 이윽고 무슨 큰 결심이라도 한 듯 목사님 사택의 방문을 열고 들어갔다. 나의 갑작스러운 등장에 목사님과 박 선생 모두 놀란 기색이 역력했다. 나는 지금 이 시간이 자신의 인생에 있어 중요한 결단의 시간이라 느껴졌고, 마음 깊은 한구석에서 예전에 느끼지 못한 감정이 꿈틀거렸다. 박 선생을 향한 사랑의 감정이었다.

바로 이때 나는 목사님 앞에서 박 선생에게 무릎을 꿇고 떨리는 음성으로 청혼을 했다. 지금 생각해도 어디서 이런 용기가 났는지 모르겠다. "목사님, 박 선생하고 결혼하고 싶습니다." 나의 갑작스러운 행동에 순간 분위기는 썰렁해졌고 얼음짝 같은 냉기가 온 공간을 가득 채웠다. 차가운 침묵이 어느 정도 흘렀을까. 잠시 후 목사님께서는 차분한 목소리로 입을 열었다.

"박 선생의 뜻은 어떤데요?" 목사님의 질문에 잠시 생각에 잠기는 듯하던 박 선생이 "하나님의 뜻이라면요…" 하면서 말끝을 흐렸다. 그때 목사님은 "그럼 다 됐네." 라고 말씀하셨다.

아마 박 선생은 난데없이 갑자기 당하는 상황이라 얼떨결에 대답한 말이었지만 지금 생각해도 현명한 대답이었다고 생각한다. 그 누구에게도 상처가 되지 않을 대답이었으니 말이다. 사실 나는 아무 것도 소유한 것이 없는 가난한 사람이었고 거기에다가 폐결핵 3기의 중병 환자였다. 더욱이 몸이 여윌 대로 여윈 상태였으니 누가 봐도 타당치 않은 제안이었고 어울리지 않는 행동이었다.

밖으로 나온 그녀와 나는 더 이상 말이 없이 서로 헤어졌다. 그렇게 그녀는 내 곁을 떠나갔다. 이후 내 몸의 병은 더욱 깊어만 갔고 그럴수록 그녀에 대한 그리움은 더욱 사무쳐 갔다. 그녀가 떠나간 지 6개월이 흘렀을 무렵, 여전히 그녀에게서 아무런 소식이 없자 나는 수소문 끝에 그녀의 주소를 알아냈다. 뛸 듯이 기쁜 마음으로 하루를 꼬박 걸려 경기도 용인에 있는 박 선생의 직장을 찾아갔다.

> 내가 잘지라도 마음은 깨었는데 나의 사랑하는 자의 소리가
> 들리는구나 문을 두드려 이르기를 나의 누이, 나의 사랑, 나의
> 비둘기, 나의 완전한 자야 문 열어 다오 내 머리에는 이슬이,
> 내 머리털에는 밤이슬이 가득하였다 하는구나(아 5:2)

그녀는 여전히 시골의 조그만 교회를 열심히 섬기고 있었다. 또한 기도생활도 열심히 하고 있는 것 같았다. 나는 그것이 사실 부러웠다. 또 다시 생각하고 생각해도 나에게 위로가 될 사람은 그녀밖에 없었다. 그러나 박 선생에게 청혼한 이후로는 왠지 모르게 어색한 만남이 되었다. 어떻게 접근해 분위기를 회복하려 해도 쉽지가 않았다.

실상 내 주제에 청혼한다는 것은 상식적으로 이해가 안 되는 일일 것이다. 그렇지만 박 선생이 내 삶의 돌파구요 유일한 희망이었기에 나는 시간이 허락되는 대로 그녀를 계속 찾았다. 그녀를 잃고 영원히 후회하는 일이 없기 위하여 끊임없이 도전(?)했던 것이다.

지금 다시 생각해 보아도 정말 그녀는 나의 천생연분이다. 만약 그녀를 만나지 않았다면 과연 나는 어떻게 되었을까? 그렇다면 아마 지금의 필리핀의 그 많은 사역도 불가능했을 것이라 본다. 그녀는 하나님의 뜻과 계획 안에서 꼭 만나야 할 사람이었다. 그렇기에 떨어져 있으면 그립고 만나면 다시 헤어질 것을 생각하여 더욱 그리웠던 것이다. 그동안 32년 결혼의 세월이 흘렀지만 지금도 여전히 그녀를 향한 내 사랑은 식지 않았다.

이렇게 시간이 허락되는 대로 만나오던 중 박 선생에게서 놀라운 이야기를 듣게 되었다. 그녀가 신학을 공부하여 주의 종이 되겠다는 것이다. 그 말을 들은 나는 마치 깊은 잠에서 깨어난 것처럼 그동안 잊고 있었던 나를 돌아보게 되었다. 중학교 2학년 때 동도교회의 부흥집회에서 하나님께 기도하며 약속했던 사실을 그동안 잊고 있었던 것이다. '내가 주의 종이 되겠다고 서원하지 않았던가.'

나는 중학교 2학년 때 주의 종으로 헌신하고 서원 기도했을 때의 그 감격과 감동이 다시 밀물처럼 내 가슴을 요동쳤다. 이미 마음을 정리한 나는 박 선생에게 간절히 부탁을 했다. "박 선생님, 저를 도와 주십시오! 여자가 신학을 마치고 주의 종이 된다면, 여 전도사밖에 더 하겠습니까? 염치없는 부탁이지만 나를 도와 주십시오!"

박 선생이 주의 종이 되겠다는 말을 하자 그동안 까맣게 잊고 있었던 하나님과의 약속을 다시금 떠올리게 된 것이다. 신학을 마친 후에 주의 종이 되겠다는 그 약속을 나는 쉽게 잊어버릴 수 있었지만 전능하신 하나님께서는 결코 잊지 않고 계시다는 사실을 새삼 깨달았다.

> 너는 그에게 기도하겠고 그는 들으실 것이며 너의 서원을 네
> 가 갚으리라(욥 22:27)

> 나는 감사하는 목소리로 주께 제사를 드리며 나의 서원을 주
> 께 갚겠나이다 구원은 여호와께 속하였나이다 하니라(욘 2:9)

중학교 2학년 때 하나님께 주의 종이 되겠다고 서원한 후 먼저 최 전도사님께 이 사실을 말씀드렸고, 이제는 세월이 흐른 후 그녀

앞에 다시 고백하게 된 것이다. 이 모든 것이 하나님의 뜻과 섭리가 아닌가 싶다.

우리는 그 만남 이후 한참 동안이나 또 다시 헤어졌다. 그리고 추운 겨울이 가고 만물이 생동하는 따뜻한 봄날이 찾아왔을 무렵이었을까. 이미 그녀에게 마음을 정한 나는 그녀를 만나기 위해 또 다시 용인을 찾았다. 그런데 전혀 예상하지 못한 일이 벌어졌다. 예전에는 그녀를 만나도 좀처럼 환한 모습이나 기쁜 말들을 찾아 볼 수가 없었는데 이날따라 그녀의 입가에서 반가운 미소를 본 것이다. 나는 분명 그녀에게서 어떤 변화가 일어났음을 직감하게 되었다.

박 선생이 환하게 웃음 지으며 반갑게 맞이하자 한편 궁금하면서도 기대가 되었다. 그녀는 "권 선생님, 생년월일이 어떻게 되시죠?" 하고 내게 물었다. 느닷없이 남의 생년월일을 묻는 게 의아하기도 했지만 나는 별 의미없이 1952년 1월 1일생이라고 가볍게 대답했다. 본래 나는 1952년 10월 6일(음력)생이었으나 그녀는 농담으로 한 말을 그대로 믿는 눈치였다. 나중에 안 이야기지만 박 선생은 1952년 2월 28일(음력)생으로, 만약 내가 자기보다 생일이 늦으면 결혼을 안 하려고 했다는 것이다.

박 선생은 그동안 도와달라는 나의 제안에 대해 열심히 기도했다고 한다. 이렇게 계속 기도하던 중, 어느 날 새벽 예배를 마치고 돌아오는데 그녀의 마음 속에 우뢰와 같은 하나님의 음성이 들렸는데, "그에게 네가 필요하다."는 음성이 세 번씩이나 반복되더라는 것이다. 그날 이후 그 음성은 계속 그녀의 마음 속 깊이 자리를 잡게 되었다. 우리 인생 중에 누가 주의 음성을 거부할 수 있겠는가.

> 아담의 모든 가축과 공중의 새와 들의 모든 짐승에게 이름을 주니라 아담이 돕는 배필이 없으므로 여호와 하나님이 아담을 깊게 잠들게 하시니 잠들매 그가 그 갈빗대 하나를 취하고 살로 대신 채우시고 여호와 하나님이 아담에게서 취하신 그 갈빗대로 여자를 만드시고 그를 아담에게로 이끌어 오시니 아담이 이르되 이는 내 뼈 중의 뼈요 살 중의 살이라 이것을 남자에게서 취하였은즉 여자라 부르리라 하니라 이러므로 남자가 부모를 떠나 그 아내와 연합하여 둘이 한 몸을 이룰지로다(창 2:20-24)

아담을 위하여 하나님은 그를 돕는 배필 하와를 만드셨다. 하와를 위하여 아담이 존재한 것이 아니고 아담 때문에 하와가 있었던 것이다. "그는 네가 필요하다." 는 그 우뢰와 같은 음성은 정말 주의 음성이었던 것이다. 많은 이 땅의 크리스천 자매들이 신랑감을 놓고 기도할 때, 자기의 필요에 의해 어느 정도 수준을 정해놓고 하나님께 기도하지 않던가? 외모, 학벌, 집안 배경 등등….

하나님께서 자기에게 맞는 신랑감을 주셔도 자신이 미리 정해 놓은 수준에 이르지 아니하면 '하나님의 뜻' 과는 상관 없이 아직 응답이 오지 않았다고 하지 않던가? 그런데 박 선생은 자신의 욕망을 버리고 기도했더니 하나님께서 응답하셨고 "그는 네가 필요하다!"는 음성을 들은 것이다. 이때부터 박 선생은 더욱 본격적으로 나를 위하여 기도했고 결국은 하나님의 응답인 줄 알고 결혼을 승낙했다.

나는 이 사실을 어머니께 알렸다. 하지만 기뻐하실 줄 알았던 어머니가 깜짝 놀라면서 "아무리 내 자식이라고 하지만 아무것도 가진 것도 없고 병도 깊은데 박 선생과 결혼한다는 것은 박 선생을 고생시키는 일이다."라며 극구 반대하셨다. 나의 어머니, 웬만하면 자식 편에 서서 "하나님의 뜻이지 뭐." 하시며 자식을 두둔할 법한데 오히려 남의 귀한 집 딸 시집와서 고생할까봐 반대하시며 염려하셨던 것이다.

그러나 박 선생의 집에서는 내가 이렇게 중환자인 줄 몰랐고 딸을 믿어 주었기에 별 어려움이 없이 결혼이 허락되었다. 결국 하나님의 은혜로 1976년 11월 6일 결혼을 했고 결혼과 동시에 우리는 3년 동안 헤어져 살아야만 했다. 나는 늘 사모하며 그리워했던 여인과 막상 결혼을 하였지만 나의 깊은 병으로 말미암아 같이 살지는 못했다. 지금 와서 생각해 봐도 그 아픈 마음을 어느 누가 알겠나 싶다. 이때 나는 병 치료를 위하여 매일 항생제인 '가나마이신' 주사를 맞으며 결핵 치료에 전념했지만 이미 깊어질 대로 깊어진 병세는 차도가 보이지 않았다.

신학대학원 시절

　나는 신학교를 졸업하고 '총신대 신대원'을 입학했다. 그것은 전적인 하나님의 은혜였다. 왜냐하면 나는 아직 치료 중에 있는 환자였기 때문이다. 그때 나의 몸은 스스로 가누기조차 힘들었고, 나의 책가방 안에는 한보따리의 약을 넣고 다녔기에 친구들은 나를 '움직이는 약국'이라 부를 정도로 힘든 시기였다.

　그런데 총신대 신대원 2학년이 되면서 내 몸이 회복되는 뚜렷한 변화가 감지되었다. 아마도 내가 약속한 대로 주의 종의 길을 걷고 신학에 입문함에 따라 하나님께서 회복시켜 주신 것 같았다. 나는 연약한 육신의 몸으로 인해 쉽게 다른 사람들 앞에 나서지 못했지만, 실상 나는 하나님으로부터 비교적 은사를 많이 받은 편이다. 성가대 지휘, 연극 활동, 맡은 일에 대한 책임감, 그리고 필체까지… 그러나 병약한 내 몸으로 인해 스스로의 열등의식 같은 것이 생겨 남들 앞에 서는 것이 두렵기도 했었다.

처음 교육 전도사로 시무했던 송파구 가락동은, 지금은 아파트가 다 들어섰지만 그때는 청계천 철거민들이 이주해 와서 살았던 곳으로 일명 '평화촌'이라 불렸다. 나는 그곳의 조그만 교회에서 시무하게 되었다. 이곳에서 신촌에 있는 서현교회 장로님 몇 가정의 자녀들이 우리 교회에 출석했다. 신촌까지는 거리가 멀어 자녀들을 데리고 다닐 수 없어 대신 우리 교회에 참석하게 된 것이다. 우리 교회는 교육 전도사 사례비조차 줄 수 없는 그야말로 매우 작은 교회였다.

그나마 서현교회 장로님들의 도움으로 그 교회로부터 선교비를 매월 4만 원씩 지원받았고 이 돈은 고스란히 교육 전도사 사례비가 되었다. 비록 넉넉하지 못하고 건강하지 못한 교육 전도사의 삶이었지만 그 와중에도 나를 이끄시는 하나님을 느낄 수 있었다.

드디어 신학대학원 합격 통지서를 받았다. 가족들이 함께 기뻐했다. 그러나 그 기쁨도 잠시, 등록금을 마련하는 일이 남았다. 당시로서는 결코 작은 돈이 아닌 22만 원씩이나 되었다. 그때 아내가 결혼식 때 받았던 금반지, 금목걸이, 큰아이의 돌반지까지 모두 팔아 합치니 금 11돈이 되었고, 당시 한 돈에 2만 원이었으니 총 22만 원이 마련된 셈이다. 나는 그 돈으로 1978년 3월 대학원 등록을 마칠 수 있었다.

그러던 어느 수요일 저녁 예배를 마치고 쉬고 있는데 가장 친한 친구가 갑자기 찾아왔다. 대학원에 등록해야 하는데, 교회에서 3개월 치 사례비를 앞당겨 받았는데도 10만원이 부족해서 학교 등록을 못하고 있다는 것이다. 나도 아내가 가지고 있던 패물과 돌반지까지 다 처분하여 등록한 터라 돈이 없었다. 그러나 그 사정이 너무 안타까워서 친구를 어떻게든 도와 보려고 가진 애를 다 써보았지만 뾰족한 방법이 없었다.

그 후 기도하는 가운데 교인 중에 쌀장사 하는 집사님의 얼굴이 떠올랐다. 나는 이것이 하나님이 주신 응답으로 생각하고 집사님에게 지체 없이 달려갔다. "집사님, 저 10만 원만 빌려주세요." 그 집사님은 전도사의 부탁을 거절하지 않고 선뜻 빌려 주었다. 나는 뛸 듯이 기뻤고 친구는 학교 등록을 무사히 마칠 수 있었다.

철이 철을 날카롭게 하는 것 같이 사람이 그 친구의 얼굴을 빛나게 하느니라(잠 27:17)

나는 성도에게 돈을 빌린 사실이 담임 목사님 귀에 들어가면 큰 책망이 있을 것 같아 그때 내가 받은 3월분 사례비 10만 원에 대한 십일조도 드리지 못하고 그 집사님께 우선 갚았다. 친구를 위하여 희생한 것까지는 좋았으나 3월 한 달을 살아갈 일이 캄캄하고 막막했다. 학교 가는 교통비는 어떻게 할 것이며 어린 딸과 사모는 어떻게 생활할 수 있을까. 사모는 쌀독에 쌀이 떨어져도 내가 걱정할까봐 내색하지도 않는 성격인데…. 나는 1년 동안 아이들을 헌신적으로 지도했다. 그래서였을까. 서현교회 장로님들이 자녀들의 달라진 모습을 보고 감동받아 후원비가 4만 원에서 10만 원이 되었다. 할렐루야! 이 모든 것이 하나님의 은혜였다.

32년 간 함께 살아온 내 아내를 감히 자랑해 본다면 사모의 여유로운 미소를 꼽고 싶다. 어느 때는 도저히 웃을 상황이 아닌데도 늘 긍정적인 사고와 여유를 잃지 않는다. 누가 봐도 어렵고 짜증나는 일인데도 말이다. 때로는 그 모습에 질투가 나기도 하지만 난 이런 내 아내가 존경스럽다. 내 아내를 보면 역시 타고난 사모 체질인 것 같다.

3월 둘째 주에 본 교회에서 부흥집회가 열리게 되었다. 나는 청년 시절부터 찬송 인도에는 타의 추종을 불허하는 은사가 있었다. 내가 강대상을 두드리며 찬송을 인도하다 보면 얼마나 열정적으로 찬송 인도를 했던지 손바닥이 터져 때로는 피가 흘렀다. 이 광경을 목도한 성도들은 더욱 감동을 받았고 은혜 속으로 빠지게 되었다. 나는 학교와 교회, 그리고 부흥집회에서 열심히 찬송 인도를 했다. 집회를 마치고 담임 목사님께서 수고했다고 말씀하시면서 사례비로 2만 원을 주셨다.

어느 날 담임 목사님의 친구되시는 옥토교회 목사님으로부터 담임 목사님을 통하여 옥토교회에서 열리는 부흥집회에 찬송 인도자로 수고해 달라는 부탁이 왔다. 그 당시 부흥집회 기간 동안 찬송 인도자의 역할이 매우 중요했다. 나는 학교를 마치고 곧장 옥토교회로 달려가 저녁마다 부흥집회 찬송 인도를 했는데, 이미 터진 손바닥의 상처가 채 아물 겨를도 없이 또 다시 터져 피가 흐르는 모습을 보고 성도들은 더욱 깊은 은혜를 받는 것 같았다. 시간이 흘러 집회는 끝났고 수고했다며 2만 원을 사례비로 받았다. 두 교회에서 받은 4만 원으로 3월 한 달 간 생활할 수 있었다. 적은 돈이지만 하나님의 채우심에 감사했다.

3월 26일, 주일 저녁 예배를 마치고 집으로 돌아왔을 때다. 밤 열두 시 무렵 아내에게 해산의 진통이 오기 시작했다. 한밤중이라 참으로 난감했다. 그래서 아내에게 좀 참아보라고 했더니 어떻게 참느냐고 하는 것이다. 그때가 새벽 세 시쯤이었을까. 나는 무작정 교회로 달려갔다. 그리고 먼저 교회 문을 열어 보았더니 어느 권사님이 기도하고 계셨다. 나는 황급히 권사님께 도움을 청했다. "권사님, 빨리 저희 집에 가보세요. 아이가 나오려고 해요." 그리고 나서 나는 담임 목사님 사택 문을 세게 두드렸다. 목사님께서는 단박에 내 사정을 알아채시고 산파가 사는 집을 가르쳐 주시며 빨리 산파를 부르도록 했다. 어렵게 산파를 찾아서 허겁지겁 함께 집으로 오고 있는데 방 안에서 아기 울음소리가 나는 것이 아닌가. 우리가 도착하기 전에 아이가 이미 세상에 태어난 것이다. 해산의 뒷마무리 외에는 산파가 크게 할 일은 없었지만 미안한 마음에 3천 원을 주어 돌려보냈다.

내가 산파를 찾아 헤매는 동안 권사님이 아내의 배 위에 손을 얹고 기도하셨는데 그때 둘째 아이가 태어났다. 지금 생각해도 하나님의 은혜가 아닐 수 없다. 우리 가정에 돈 없는 것을 아신 하나님이 산파가 도착하기 전에 미리 낳게 하신 것이다.

같은 해 4월 13일, 아버지께서는 힘들고 고단했던 이 세상을 떠나셨다. 내겐 미운 아버지였지만 말년에 위암으로 고통을 겪으시는 모습을 볼 때마다 미움 대신 오히려 측은한 마음이 들었다. 이후 아버지의 구원 문제를 놓고 기도하면서 적극적으로 전도한 끝에 임종

전에 세례를 받을 수 있었다. 이 모든 것이 하나님의 은혜였다.

나의 아버지는 온 가족을 고통스럽게 하신 분이다. 어린 시절 행복해야 할 많은 시간들이 아버지로 인해 물거품이 되었고, 그 많은 재산을 탕진하고 서울로 와서는 집까지 팔아 버리고 도망가서 가족들은 오갈 데 없이 외삼촌댁 마루바닥에서 살아야 했다. 그러나 그것도 잠시, 우리는 또 다시 '오물천'으로 옮기게 되었다. 돈이 없어 말리다가 떨어진 국수를 싸게 사서는 멸치 몇 마리 넣고 끓여 먹기를 수도 없이 반복해야 했다. 그래도 아버지가 세상을 떠나자 잘 해 드리지 못한 아픔이 내 마음에 여전히 아쉬움으로 남아 있다.

신대원 1학기가 지나가고 있을 무렵, 담임 목사님과 자그마한 갈등의 조짐이 보이기 시작했다. 갈등의 원인은 갑작스럽게 10만 원으로 오른 전도사의 사례비 때문이었다. 결정은 목사님의 의지와는 상관없이 후원교회에서 정한 것이었지만, 그래도 나는 목사님 마음을 편하게 해 드리려고 교회 여름 행사를 은혜 중에 마친 후 8월 31일 교회를 사임하고 하월곡동 집으로 돌아왔다.

아무런 수입이 없는 힘든 생활이 시작되었다. 있을 곳도 변변치 못해 다락방에서 살았다. 신대원 1학년 2학기가 시작되었는데도 등록금을 마련할 길이 없자 그 학기는 집에서 보내게 되었다. 생활에 대한 걱정 등으로 마음이 짓눌렸고 그 고통은 말할 수 없었다. 이렇게 앞날에 대한 염려로 하루하루를 지내고 있는데 친구로부터 연락이 왔다. 서울 이화여자 대학교 근처에 있는 신현교회에서 중등부 교육전도사 청빙공고가 났으니 한번 지원해 보라는 것이었다.

그 교회로부터 선(?)을 보게 된 나는 수요일 저녁 예배 설교를 하게 됐다. 그 당시 교인 수가 약 1,500명 규모의 교회였다. 그렇게 많은 사람들 앞에서 설교하기는 처음이었으니 얼마나 마음에 부담이 되었겠는가. 그러나 순종하는 마음으로 열심히 준비하여 무사히 마쳤다. 다만 무슨 설교를 어떻게 했는지 잘 기억이 나진 않지만 강단에서 버럭버럭 소리 지른 것은 생각이 난다.

설교는 끝이 났고, 무슨 중요한 시험을 치르고 돌아온 수험생처럼 교회에서 결과가 오기만을 기다리고 있던 중 '중등부 교육전도사'를 맡아 달라는 기쁜 소식을 전해 듣고 우리 식구는 하나님께 영광과 감사를 돌렸다. 나는 자신에게 주어진 중등부 사역에 최선을 다했고 중등부도 크게 부흥하게 되었다. 다른 교육 전도사들은 평일에 학교에 가고 토요일이나 주일만 사역을 감당하는데, 나는 2학기 등록을 못했기 때문에 평일에도 교회에 나오게 되었고 따라서 그곳에서 기도와 성경 보는 일에 전념을 다할 수 있었다.

그러던 중 어느 장로님이 다른 사람에게 물었던 모양이다.

"권 전도사님은 평일인데 왜 학교를 가지 않고 교회에 나옵니까?"

"권 전도사님은 등록금이 없어 학교에 등록하지 못하고 이번 학기를 쉬고 있는 중입니다."

이 소문은 순식간에 온 교회에 퍼졌고, 나는 성도님들로부터 관심의 대상이 되었다. 그때부터 신현교회 많은 성도님들께서 나의 처한 형편을 마음 아프게 여기시고 사랑의 봉투를 계속적으로 넣어 주셨다. 이것은 나를 향한 성도님들의 관심이기도 하지만 그것은 분명 나를 향한 하나님의 사랑과 은혜였던 것이다.

신현교회는 교육 전도사만 다섯 명이 있었는데 이 일로 인해 그해 당회에서 교육 전도사들의 학비를 전부 보조해 주게 되었다. 할렐루야! 나는 물론 다른 교육 전도사들도 등록금 걱정 없이 공부할 수 있게 된 것이다. 성경에 보면 요셉이 들어가는 곳마다 복을 받게 된다. 보디발의 집에 갔을 때 그 집이 복을 받았고, 감옥에 갔을 때는 그 감옥도 복을 받게 되었다. 내 경우를 요셉의 복에 비유한다면 지나친 교만일까?

그가 요셉에게 자기 집과 그 모든 소유물을 주관하게 한 때부
터 여호와께서 요셉을 위하여 그 애굽 사람의 집에 복을 내리
시므로 여호와의 복이 그의 집과 밭에 있는 모든 소유에 미친
지라(창 39:5)

여호와께서 요셉과 함께하시고 그에게 인자를 더하사 간수장
에게 은혜를 받게 하시매(창 39:21)

그래서 나는 내 어깨를 짓누르고 있었던 학교 등록금에게서 해방
되었고 신대원을 졸업할 때까지 오히려 친구들을 도우면서 학업을
마칠 수 있었다. 그 당시 신학생들 중에는 점심을 굶는 사람들도 많
았고 추운 겨울인데도 양말을 신지 못한 경우도 있었다. 심지어는 배
가 너무 고픈 나머지 물로 허기진 배를 채우는 친구도 있을 정도로
생활이 어려운 신학생들이 많았다. 비록 나는 적은 것을 심었지만 하
나님께서는 기쁘게 받으시고 참으로 귀하고 많은 것으로 축복해 주
셨다.

또 누구든지 제자의 이름으로 이 작은 자 중 하나에게 냉수 한

그릇이라도 주는 자는 내가 진실로 너희에게 이르노니 그 사
람이 결단코 상을 잃지 아니하리라 하시니라(마 10:42)

어느덧 세월은 빠르게 지나 신학대학원 졸업을 맞이하게 되었다.
하나님의 은혜였다. 신현교회에서 중등부 교육 전도사로 있던 2년 6
개월 동안에는 교육 전도사들에게도 학비가 지급되었고, 나의 졸업
과 동시에 교육 전도사들의 사례비를 올리면서 장학금은 폐지되었
다. 돌이켜 보면, 예전에 친구를 위하여 생활비 전체를 도와준 적이
있었는데 하나님께서 그것을 받으시고 신학대학원을 무사히 마칠 수
있도록 축복해 주신 것이라 생각한다.

필리핀 산지족 선교사로서의
새 삶과 비키칸(Bekigan) 가는 길

나는 서울 신현교회에서 교육 전도사로 시작하여 강도사와 부목사로 7년이란 세월 동안 충성되이 교회를 섬겼다. 이후 1985년 12월 31일, 새로운 임지도 정하지 않고 교회를 사임하게 되면서 가족들과 함께 갈 곳이 없어 막막하게 되었다. 살림 도구는 어느 장로님 댁 지하실에 맡겨놓은 채 가족들을 처형 집의 한 평 남짓한 방에 머물게 하였다. 절박한 현실 앞에 나는 아내와 함께 밤마다 여의도순복음교회 바울 성전으로 철야기도를 갔다. 그곳은 많은 사람들이 모여 기도하는 곳이기에 목사라는 신분을 숨기고 편안하게 기도할 수 있어서였다. 그러던 어느 날 몸이 몹시 아프기 시작했다. 고열이 나서 온몸은 땀으로 젖었고 몸을 가눌 수조차 없게 되었다.

아내는 오늘 밤은 쉬자고 했지만 왠지 주님을 향한 간절함이 더

했고, 기필코 성전을 향하여 가고 싶은 열망에 그 자리를 박차고 일어났다. 아내는 거동이 불편한 나를 부축하며 버스에 겨우 몸을 실은 채 여의도순복음교회로 향했다. 금요 철야 기도회는 바울 성전이 아닌 대 성전에서 조용기 목사님이 친히 예배를 인도하셨다. 나는 몹시 열이 나고 고통스러워 긴 의자에 쓰러져 누워 있었다(이때 나이가 35살쯤 되던 해이다). 목사님의 설교는 귀에 들려오지 않았고 예배 시간 내내 고열과 고통으로 신음하며 몸부림쳤다.

모든 순서가 끝나고 축도 순서가 오기 전 '주기도문송'을 온 성도가 부르게 되는데 다른 것은 몰라도 축복기도는 받아야 한다는 생각 때문에 몸을 비틀거리면서도 어렵게 일어났다. 그리고 더듬거리며 '주기도문송'을 부르고 있는데 이상한 열기가 위로부터 내게 임하는 것을 느끼게 되었다. 그것은 고열로 인한 열기가 아니라 온몸을 사로잡은 열기였고 두 주먹을 불끈 쥐게 하는 이상한 힘을 느끼게 하는 열기였다. 무언가 외치지 않으면 안 될 것 같았다.

그 순간 나는 "내가 너를 많은 사람들 앞에 세우리라!" 정신없이 외치기 시작했다. 주위에 있던 많은 사람들이 내 외침을 듣고 정신이 이상한 사람으로 생각했는지 모두 염려스러운 눈빛으로 나를 쳐다보는 것이었다. 그러나 나는 상관하지 않았다. 이것은 나의 이성적 외침이 아니었기에 나도 절제할 수가 없었다. 이것은 하나님께서 나를 향한 놀라운 계획을 선포하신 외침이었다. 성령의 뜨거운 열기가 위로부터 내게 내려와 나를 삼켜 버린 것이다.

할렐루야!

내가 스물두 살 때쯤 되었을 때의 일이다. 새벽 예배 시간 기도의 경쟁 상대로 박내흠이라는 청년이 있었다. ‘누가 오래도록 남아 기도하는가.’ 하는 이른바 영적인 경쟁 상대였다. 12월 1일 토요일 새벽, 그날도 나와 그 친구는 교회 마룻바닥에서 기도를 했다. 그 날따라 나는 양말도 신지 않아 발이 시렸지만 그 친구보다 내가 기도를 더 많이 해야겠다는 일념(?)으로 참고 견뎠다. 한참 기도를 하였을까. 그 친구가 먼저 일어나는 것이다. ‘오늘은 내가 이겼다.’ 그런데 그날따라 좀 더 기도해야겠다는 생각이 들어 금방 일어나지 않고 있는데 이상한 일이 일어난 것이다.

기도에 전념하고 있을 때였다. 갑자기 하늘로부터 성령의 불길이 나를 감싸기 시작하면서 내 혀가 꼬부라져 이상한 말들이 튀쳐나왔다. 그때는 이것이 무슨 현상인지 몰랐지만 나중에서야 이것이 방언의 은사임을 깨달았다. 뜨거운 눈물이 왈칵 쏟아졌다. 기쁨과 감격의 눈물이었다. 나도 드디어 ‘성령의 세례’ 를 받게 된 것이다.

나는 곧장 집으로 달려가 아침 밥을 준비하고 계신 어머니께, "엄마, 나 이상한 체험을 했어! 이게 방언인가봐."하고 말하면서 즐거워했던 모습이 기억난다. 나의 영적인 경쟁 상대였던 박내흠 청년은 현재 목사님이 되어 서울 강남에서 아멘교회를 섬기고 계신다. 국내는 물론 세계 각지를 순회하며 영성훈련 및 부흥집회를 인도하시는 등 귀한 사역을 감당하고 계시는 훌륭한 목사님이시다.

오순절 날이 이미 이르매 그들이 다같이 한곳에 모였더니 홀연히 하늘로부터 급하고 강한 바람 같은 소리가 있어 그들이 앉은 온 집에 가득하며 마치 불의 혀처럼 갈라지는 것들이 그들에게 보여 각 사람 위에 하나씩 임하여 있더니 그들이 다 성령의 충만함을 받고 성령이 말하게 하심을 따라 다른 언어들로 말하기를 시작하니라(행 2:1-4)

성령께서 내 입술을 주장하여, "내가 너를 많은 사람들 앞에 세우리라!"라고 하셨지만 여전히 교회 임지는 정해지지 않았고 현실은 막막했다. 이렇게 며칠이 지났을까, 어느 날 나와 별로 친하게 지내지 않던 김동주 목사님에게서 연락이 왔다. 내가 갈 곳도 없고 어려운 상황임을 알고 숙식이 무료인 기도원을 소개하기 위해서였다. 그때 나는 별로 하는 일도, 갈 곳도 없었기에 김 목사님의 인도를 따라 기도원에 가게 되었다.

거기에는 하루에도 3천 명 이상의 암 환자와 불치병 환자들이 모여들곤 했다. 이들은 어떤 한 가닥의 희망을 갖고 모여들었다. 신앙을 가진 자들도 있었고 불신자들 중에는 이곳에 오면 불치병도 고칠 수 있다는 소문을 듣고 온 자도 많았다. 우리 부부 또한 영적인 암 환자라 생각하고 내일과 미래의 기약 없는 암 환자처럼 간절한 마음으로 부르짖기 시작했다.

그런데 김 목사님이 나를 이 기도원까지 안내한 데는 그만한 사연이 있었다. 그의 어머니께서 직장암으로 사형선고를 받고 고통을 당했었으나 원장의 안수를 받고는 치료를 받았다는 것이다. 그런 인연으로 나를 그곳까지 안내했던 것이다. 김 목사님은 이 기도원과 이런 저런 연유로 해서 이미 잘 알고 있었다. 어느 날 기도원에 새벽 기도를 인도할 사람이 없으니 내가 했으면 좋겠다는 제안이 들어왔다.

난 밥도 무료로 먹는데 밥값도 할 겸 해서 승낙을 해 버렸다. 또한 나 자신도 영적으로 시냇물을 찾아 헤매는 사슴처럼 갈급한 상태였기에 새벽 예배의 설교를 아주 간절한 마음으로 전할 수 있었다. 이로 인해 나 자신도 은혜를 받고 환자들과 보호자도 깊은 은혜를 받았다.

나는 환자들 입장에 서서 목사의 직위를 떼어 버리고, 체면이나 자존심을 내려놓고, 거동이 불편한 환자를 업어서 예배실까지 데려오고 끝나면 다시 숙소까지 업어 드렸다. 이런 일들을 계속 반복했다. 나는 지난날의 죽음의 고통을 이미 경험했던 사람이어서 이들의 고통을 누구보다 잘 알 수 있었다. 이들의 '아픔이 곧 나의 아픔' 으로 느껴졌기에 이들을 위하여 더욱 봉사했던 것이다. 또한 작지만 이들에게 큰 기쁨과 위로가 되고 싶었다.

그런데 이 소문이 원장의 귀에 들어간 모양이었다. 약 1만 5천 명쯤 모이는 어느 대집회에서 원장이 나를 부르는 것이다. "권영수 목사님, 어디 계세요?", "예, 저 여기 있습니다." 바로 앞에서 대답했다. 나는 언제나 예배 시간에 제일 앞에 앉는다. 왜냐하면 '주님께 더 가까이 가고 싶은 소망' 때문이다. 내가 대답을 하자 원장은 깊은 의미 있는 말로 "기도 많이 하세요!" 하고 응답했다.

이틀이 지난 후, 원장은 기도원 강사로 나를 세우겠다고 결정했고 이후 나는 환자들과 약 6년이라는 긴 세월을 함께 했다.이 기간 나는 자신의 문제를 위해 주님께 더욱 매달렸고, "내가 너를 많은 사람들 앞에 세우리라!" 하신 하나님의 약속대로 나는 만 명이 넘는 많

▶ 기도응답을 받은지 16일째 되던날 이렇게 많은 성도들 앞에서 말씀을 전하게 되었다.

은 사람들 앞에서 힘 있게 말씀을 전할 수 있었다.

그러나 얼마 후 기도원이 점점 변질되어 처음에 추구했던 것에서 벗어나기 시작했고, 또한 처음에 가졌던 은혜와 감격도 사라졌다. 그러는 가운데 '유니세계선교회'(주기철 목사님의 외가쪽 후손들이 세운 선교단체)에서 해외 선교사를 청빙한다는 소식을 듣고 지원하게 되었다. 이 단체는 한국에서 시골 교역자들에게 자전거를 보내는 등 많은 사역을 했었고 이제 처음 필리핀 선교를 통하여 해외로 발을 뻗기 시작했다.

'유니세계선교회'와 울산 '우정교회'(변재훈 목사님 시무)가 연합으로 우리 부부를 필리핀 선교사로 파송했다. 내가 필리핀 땅에 처음 발을 내딛은 것은 1989년 12월이지만 그때는 잠깐 동안의 방문이었고, 이듬해인 1990년 7월 역시 선교지를 잠시 둘러보는 정도로, 정식으로 파송된 것은 1991년 5월 12일이다. 나의 처음 선교 사역지는 '바기오(Baguio)' 시에서 약 40분 거리의 '사블란(Sablan)'이란 지역이었다.

그곳에서 교회가 건축되고 있었는데 그 교회를 관리하는 일이 바로 내가 해야 할 첫 사역이었다. 나는 당시 이곳에서 원주민 성도들의 신앙생활을 보며 얼마나 실망스러웠는지 모른다. 실제 와 보니 한국에서 생각했던 것과는 180도 틀렸다. 예를 들어 한국에서 교회를 건축할 때는 모든 성도들이 합심으로 기도하고 물질을 모으는 등 보통 정성들이 아닌데, 이곳의 원주민들은 성전을 지어도 감격이 없고 기도도 없을 뿐만 아니라 성전 건축에 대한 열망이 전혀 없어 보였기 때문이다.

이렇게 가다가는 한국 교회의 피눈물 나는 헌금으로 지어진 교회가 훗날 쓸모없는 창고로 변해 버릴 것 같은 생각이 들었기에 참으로 실망스럽고 염려스러운 일들이 아닐 수 없었다. 나는 더 이상 이를 방치할 수 없다고 생각하여 편지를 써서 이 상황들을 보고했고 한국에서의 지시를 기다리고 있던 중 때마침 '예수전도단' 출신인 로이드와 토니가 나를 방문하게 되었다. "선교사님, 진정으로 복음이 필요한 곳을 가보지 않겠습니까?" 그때 나는 정신이 번쩍 들면서 "그런 곳도 있습니까?"라고 되물었다. "그럼요, 저희를 따라오세요!" 이것이 필리핀 사역에 눈을 뜨게 한 시발점이 되었다.

그때 나는 특별히 바쁜 일정도 없었기에 그들을 따라 나섰고 1991년 6월 초 '비키칸(Bekigan)' 부족을 방문하게 되었다. 이 부족은 유니세계선교회의 전임자와 관계를 맺고 있기도 했다. 나는 로이드에게 원주민 부족에게는 무엇이 필요하느냐고 물었고 산 속에는 소금과 설탕이 필요하다는 말을 들었다.

그래서 나는 소금과 설탕을 각각 한 포대씩 사서 새벽 5시경 비키칸 부족으로 향해 출발했다. 지금은 차량이 많아졌지만 그 당시는 하루 아침 5시, 7시, 9시 세 번 출발하는 것이 고작이었다. 바기오 시에서 본톡(Bontoc)까지는 비포장 도로였기에 무척 힘이 들었고, 더욱이 흔들리는 버스로 9시간, 10시간을 달리는데 정신이 하나도 없었다. 내장에 피멍이 든다는 말이 그 정신없는 상황을 표현하기에 적당할 것 같다.

높은 산을 굽이굽이 7부 또는 8부 능선 정도로 해서 가는데 차창 밖을 보면 천 길 낭떠러지였다. 옛날 한국의 비포장된 한계령을 생각하면 약간은 이해하기에 도움이 될 것이다. 벼랑 아래를 바라보면 끝이 보이지 않을 정도다. 추락 후에는 무엇으로도 건져 낼 재간이 없을 것 같다. 이 길이 생긴 이후 지금까지 수많은 버스와 지프니(Jeepney, 필리핀에서 만든 차량으로 폐차의 엔진을 구해와 조립한 차) 또는 다른 차량들이 절벽 아래로 굴러 떨어져서 수많은 희생자들을 내기도 했다. 가다 보면 절벽 위의 바위가 금방이라도 버스를 덮칠 것 같은 느낌이 들어서 여행객들도 우기철은 가급적 여행을 자제한다. 왜냐하면 비가 올 경우 길이 더욱 미끄러워 절벽 아래로 차가

구를 수 있고, 산사태로 인해 크고 작은 돌이나 집채 만한 바위가 무너져 내리는 등 위험이 항상 도사리기 때문이다. 더욱이 이곳의 버스는 일본 폐차를 조립하여 사용하고 있기 때문에 언제 브레이크 고장이나 핸들 고장으로 수백 미터 낭떠러지로 추락할지 모른다.

하나님은 우리의 피난처시요 힘이시니 환난 중에 만날 큰 도움이시라 그러므로 땅이 변하든지 산이 흔들려 바다 가운데 빠지든지 바닷물이 솟아나고 뛰놀든지 그것이 넘침으로 산이 흔들릴지라도 우리는 두려워 아니하리로다(셀라)(시 46:1-3)

또한 계곡길을 달리다 보면 강도들이 길을 막고 버스를 세워 손님들의 소지품을 털어가는가 하면 신인민공산게릴라(N.P.A)의 활동으로 무차별 총격을 받은 사건들 또한 비일비재했다. 항상 나의 마음은 불안과 공포, 생명의 위험 속에서 떨어야 했고 집을 떠나 '산지족 선교지'를 향할 때에는 아내에게 유언을 남기기도 했다.

이제 바기오에서 본톡까지 버스로 9시간, 본톡에서 지프니를 갈아타고 3시간 더 달려야 한다. 그 길은 더욱 위험한 길이다. 한쪽은 천 길 낭떠러지이고, 길 위는 역시 깎아지는 듯한 절벽에 언제 어떤

▶ 험한 산악길을 달려 원주민 부족을 찾아 나선다. 한쪽은 절벽, 한쪽은 낭떠러지다. 조금만 긴장을 풀면 생명을 잃을 수도 있다.

▶ 산지족 교회 건축을 위해 자재를 운반하고 있는 성도와 함께

사건이 벌어질지 모른다. 이런 험한 길이 계속 연결되어 있다. 본톡과 비키칸 사이는 더 위험하여 1년에도 몇 번씩 지프니가 계곡 아래로 굴러 떨어져 많은 원주민들이 죽곤 한다.

어느 해 나의 선교지를 방문하신 연세 드신 노회 소속의 목사님이 계셨는데, 이 길을 차를 타고 같이 가다가 갑자기 산 위에서 흙과 바위가 무너져 내려 우리가 탔던 차량이 매몰될 뻔 했다. 이후 최재우 목사님(나의 멘토였던 최 전도사님)이 '죽음의 계곡을 넘어서' 라는 글을 '한국부흥사협의회' 책에 기고하신 적이 있는데 당시의 인상이 그만큼 깊었다는 간증이기도 하다.

이날 우리의 목적지는 '사당가(Sadanga)' 부족이 사는 마을이었다. 즉, 사당가 부족에서 비키칸까지는 걸어서 가야 한다. 지프니 기사는 종점에 도착하기 전 우리를 산등성이에 내려놓았다.

"아니, 왜 목적지까지 안 가고 여기에 내려놓는 겁니까?"

"아, 예. 오늘부터 이 부족에서 '깐야오' 라는 부족 제사를 드립니다. 그래서 못 들어갑니다."

깐야오는 부족의 제사이자 축제이기도 하다. 이 기간 동안에는 이웃 부족이나 외국인이 들어가면 목을 베서 장대에 매다는 풍습이 있다. 그래서 지프니 기사도 더 이상 가지 못하고 우리를 내려놓은

▶ 부스칼란 부족에서 부족축제 때 온 교회 성도들이 모여 춤을 추며 즐거운 한때를 보내고 있다.

것이다.

지금도 이 기간 동안에 들어가면 돌멩이를 사정없이 던진다. 잘못 하다가는 목이 잘리는 상황도 벌어지게 된다. 실제 이 부족이 가지고 있는 민속 악기들의 손잡이들은 대부분 사람의 턱뼈로 만들어진 것이다. 언젠가 이곳 추장이 내게 자랑스럽게 이야기한 것이 생각이 난다. "이 꽹과리의 손잡이는 일본 사람 턱뼈이고, 또 이것은 중국 사람 것이고, 저것은 뚤가오 부족 사람 턱뼈입니다." 으스대며 자랑하기에 내가 농담 삼아 추장에게 묻기를 "한국 사람 것은 없습니까?" 그랬더니 아직 '코리안' 것은 없다고 하면서 내 턱을 한번 쳐다보는 것이다. 순간 나는 섬뜩하여 괜히 말했나 싶었다.

산등성이에 내린 우리 일행은 비키칸까지 걸어갈 생각을 하니 눈앞이 캄캄했다. 하지만 달리 어떤 특별한 방법이 있는 것도 아니기에 우리는 무작정 걷기 시작했다.

바기오 — (9시간) → 본톡 — (지프니로 3시간) → 사당가 부족 마을 — (걸어서 2시간) → 비키칸

로이드는 소금 한 포대를 짊어지고 수풀을 헤치며 저만치 앞서가고 나는 설탕 한 포대를 짊어지고 뒤를 따라 나섰다. 사당가 부족 마을을 통해서 가야 직선길이지만 위험하기에 그 길을 피해 우리는 힘든 발걸음을 하고 있는 것이다. 길이 몹시도 미끄러웠다. 그곳은 석회암이 많기 때문에 바위라 해도 미끌미끌거린다. 이럴 때는 맨발이 훨씬 안전하기에 우리는 신발과 양말을 벗고 산을 타기 시작했다. 그렇지만 석회암 바위가 날카로워서 발바닥이 바위에 찢겨 피가 흘렀다.

그렇게 걷기를 2시간 여, 어느덧 비키칸 부족 마을이 시야에 들어

▶ 말리꽁 부족의 원주민 성도의 가정을 방문하고 있는 권 선교사. 이들은
원두막 같은 초가집에서 원시적인 모습으로 살아가고 있다.

▶ 교회 헌당식에서 원주민 성도들과 함께

왔다. 얼마나 반가웠던지 마치 콜럼버스가 신대륙을 발견한 기쁨이라고 해야 할까! 눈앞에 보이기에 우리는 힘이 솟아났다. 아! 그런데 이게 왠일인가. 그때 하늘에서 소낙비가 사정없이 쏟아지는 것이다. 필리핀 소낙비는 마치 물동이의 물을 쏟아붓 듯 내린다. 쏟아지는 빗줄기를 피할 곳을 찾지 못했다. 로이드 등에는 소금이, 내 등에는 설탕이 들려 있는데 소금과 설탕이 녹아져 내렸다. 2시간이나 등에 지고 힘들게 온 선물들인데 비키칸 부족을 눈앞에 두고 비를 피하지 못해 쓸모없게 된 것이다. 우리는 그 자리에서 주저앉고 말았다.

잠시 후 나는 다시 설탕이 녹아 절은 몸으로 비키칸 가는 마지막 절벽 길 코스를 숨을 헐떡거리며 기어오르기 시작했다. 숨이 턱밑까지 차올랐다. 후에 나는 이 절벽 길을 '골고다 언덕'이라 불렀다. 주님께서 우리를 위하여 십자가를 지신 그 길과는 결코 비교할 수 없지만 그 은혜와 사랑을 경험하지 못한 자는 결코 이 비키칸 언덕길을 올라갈 수 없을 만큼 힘겨운 곳이기 때문이다.

비에 흠뻑 젖은 모습으로 비키칸 부족 마을에 도착했을 때 한 무리의 사람들이 우리에게 호기심어린 눈빛으로 다가왔다. 내 눈에 비친 그들의 첫 모습은 한국에서도 보지 못한 상거지의 몹시도 더럽고 추한 몰골이었다. 어린 아이의 머리에는 곰팡이가 나 있었고 진물이

▶ 산지족 원주민들에게는 내일에 대한 희망이 없다. 의미 없는 표정으로 나무벽에 기댄 채 앞을 주시하고 있는 원주민 성도가 내 마음을 아프게 한다.

질질 흘렀다. 누렇게 흘러내린 콧물은 아예 입을 덮었고, 온 얼굴은 마치 고양이 수염(콧물을 얼굴에 비벼대서)처럼 되었다. 맨발로 마중 나왔던 어른들 역시 성기 앞 부분만 겨우 가린 모습이었다.

나는 이들을 바라보는 순간 옛날 종암동의 '오물천' 의 과거가 떠올라 눈물이 왈칵 쏟아졌다. 나의 핏기 없던 그 시절의 모습이 오버랩되었다. 바로 이들의 모습이 과거 내 삶의 모습이 아니었던가!

나는 지난 세월과 하나님이 나를 보호하시던 때가 다시 오기

를 원하노라(욥 29:2)

첫날 밤 우리는 부족의 추장인 '벤뚜라' 로부터 식사 초대를 받게

되었다. 추장의 집이라야 나뭇잎을 엮어서 만든 초가집이었고 살림

도구라는 것이 돌멩이에 걸은 놓은 솥단지가 하나가 전부였다. 그리

고 그 옆에 나뭇잎을 엮어 만든 돗자리가 땅바닥 위에 놓여 있었는데

이것이 바로 잠자는 곳이었다.

추장은 외지에서 귀한 손님이 왔다고 특별히 집에서 놓아 기르는

닭 한 마리를 잡았다. 닭 목을 친 다음 피를 다 빼고 닭털이 있는 채

로 불에 구워서 먹는데, 이것을 원주민 전통 음식인 '피닉피칸' 이라

한다. 식사가 나오기 전에 조그만 야자그릇(코코넛으로 만든 것)에

물이 담겨져 나왔다. 이것은 모든 사람이 손 씻는 물로 앞에 세 사람

씻고 나서 내 차례가 되었을 때는 이미 구정물이 되어 있었다. 그러

나 나도 그들과 함께 손을 씻었다.

이윽고 밥이 나왔다. 마치 안남미와 같은 모양의 쌀로 만든 것이

었다. 언젠가 필리핀 고속도로의 휴게소 식당에서 밥을 먹었을 때 너

무 더워 선풍기를 틀었는데 스푼을 대자 컵 모양으로 생긴 밥(이 나

▶ 원주민 촌로가 앉아 있다. 꼬질꼬질한 옷을 걸치고 신발도 없이 이들에게 내일은 없었다.

▶ 산지족 원주민들의 삶의 모습(부엌)

라에서는 밥을 컵에다 찍어서 나온다)의 밥알이 선풍기 바람에 날아

가는 것이었다. 그 만큼 쌀에 끈기가 없고 힘이 없다는 증거다.

이어서 반찬이 나왔는데 다름 아닌 소금이었다. 이들은 이 소금

을 밥 위에 뿌려서 먹는다. 난 스푼이 나오기를 기다렸다. 하지만 아

무리 주위를 둘러봐도 스푼이 나올 기미가 보이지 않는다. 이윽고 옆

에 있는 친구 로이드가 눈치를 채더니, "선교사님, 화이브(Five) 스

푼!" 하면서 다섯 손가락을 펴 보인다. 손으로 먹으라는 것이다. 나중

에 안 사실이지만 원주민들은 손으로 이도 잡고 대변을 본 뒤에도 손

으로 뒤처리를 한다. 그리고 그 손으로 밥을 먹으니 원주민들의 뱃속

에는 아마 온갖 기생충들로 가득 차 있을 거란 생각이 들었다.

닭요리 '피닉피칸' 과 함께 식사를 마치게 되었다. 실상 이름만 요

란했지 먹을 만한 것은 없었다. 우리가 필리핀을 생각할 때 과일들

이 풍성하리라 생각들 하는데 이런 깊은 산 속에는 바나나나 파인애

플 등의 그 흔한 열대 과일조차 전혀 없다. 그나마 음식이 깨끗하기

라도 하면 그런 대로 견딜만 할 텐데 이들이 준 음식들은 먹기가 여

간 힘든 것이 아니었다.

언젠가 성도의 가정에 심방을 간 적이 있는데 어린아이가 그만

내 앞에서 설사를 하고 말았다. 할머니는 아무렇지도 않다는 듯 배설

물을 손으로 훔치더니 밖으로 내버리고 그 손을 자기 옷에 쓱쓱 닦고
는 씻지도 않은 채 밥을 퍼서 주는 것이 아닌가! 차라리 이 광경을 보
지 않았다면 먹을 수 있었겠지만 도저히 내 목구멍으로 넘어가지 않
았다. 후에는 지혜가 생겨서 밥을 주면 물에 말아서 물과 함께 후루
룩 마셨다. 이런 밥을 도저히 넘기기가 어려워서 그랬던 것이다. 후
에는 원주민들이 '선교사가 우리가 주는 음식이 더럽다고 물에 씻어
먹는다.' 라고 말한다는 소리를 듣고 이마저도 포기하고 말았다.

내가 선교사로서 헌신과 사명, 소명에 불탔던 것은 비키칸을 방
문하고부터이다. 비키칸 부족 마을에 3일간 머문 후 막 원주민들과
작별 인사를 하려는데 내 마음 깊은 곳에서 한 음성이 들려 왔다.

"네가 이들을 버려 두고 어디로 가려고 하느냐?"

주님의 음성이 분명했다. 이들을 남겨 두고 하산하는 내 발걸음
은 선교사의 양심으로 도저히 허락되지 않았다. 이들을 외면하면 하
나님께서 나에게 커다란 책망을 하는 것 같았다. 바기오로 돌아오면
서 내 마음속에는 그들의 얼굴들이 지워지지 않고 계속 남아 마음에
커다란 빚을 진 것처럼 되었다. 어쩌면 이것이 내 선교에 대한 소명

이었는지도 모른다.

나는 여느 선교사님들하고는 달리 처음부터 선교사로서의 소명을 받은 것은 아니었다. 한국에 있을 때 어느 선교사의 선교 보고를 듣고 선교사로 헌신하기로 한 것도 아니었고, 신학을 공부할 때 선교의 뜻을 정한 것도 아니었다. 또한 어린 시절부터 지금까지 많은 기도를 했지만 선교사의 꿈은 전혀 생각하지도 않았었다. 즉, 선교사로서 미리 준비되거나 훈련된 몸이 전혀 아니었다는 말이다. 이것이 바로 나의 솔직한 고백이다. 이런 사람은 선교학적으로 볼 때 제로에 가까운 사람이다. 그런 사람이 선교사가 되었다는 것은 내가 봐도 신기하다.

하지만 내가 선교사가 되고 싶다고 해서 선교사가 되는 것은 아니다. 오직 하나님의 섭리와 계획 아래서 선교사가 되는 것이다. 바울이 어느 선교단체에 가서 선교 훈련을 받은 것도 아니고, 어느 신학교에 가서 신학 교육을 마치고 주의 종이 된 것도 아니었다. 다메섹 도상에서 부활의 주님을 만나고 아라비아 광야에서 홀로 기도하며 '신학 훈련'을 받은 것이 전부였다.

아마 바울은 신학적으로 고민하는 문제를 가르쳐 주는 선생님이 없기에 홀로 기도하며 하나님의 응답을 받고 문제들을 해결했으리라

▶ 원주민 할머니가 어린 손자와 함께 벼 이삭을 손으로 훑고 있다.
한 묶음의 벼 이삭이 이들의 한 끼 식사가 된다.

▶ 아이따 부족 성도들과 함께

고 본다. 그의 '신학 선생'은 어느 신학교의 교수님이 아니라 성령님이 직접 선생님이 되셨던 것이다. 내가 선교사가 된 것은 나의 의지와 계획이 아니라 바울의 고백처럼 오직 하나님의 주권 아래 이루어졌다는 사실이다.

> 사람들에게서 난 것도 아니요 사람으로 말미암는 것도 아니요
> 오직 예수 그리스도와 그를 죽은 자 가운데서 살리신 하나님
> 아버지로 말미암아 사도된 바울은(갈 1:1)

오늘날 하나님으로부터 선교의 소명을 받고 선교사로 왔다는 분들이 상황이 어렵다고 해서, 혹은 지금보다 더 나은 환경을 찾아 한국의 목회지로, 또 다른 선진국으로 쉽게 옮기는 경우를 많이 보게 된다. 참으로 안타까운 일이 아닐 수 없다. 나 역시 가끔 정말 하나님이 보내셔서 이곳에 왔을까 하고 반문할 때가 있다. 우리의 좁은 생각과 방법을 가지고 전능하신 하나님의 이름을 함부로 거론하는 것은 대단히 위험하다고 본다.

나는 집에 돌아와서도 비키칸 부족을 향한 슬픔과 아픔, 연민 등이 마음을 사로잡고 있었다. 그리고 알 수 없는 어떤 힘이 그 쪽으로

▶ 띵나얀 부족의 성도들과 함께 성전 건물이 없어 임시로 지은 성전에 모여 예배를 드리고 있다.

나를 잡아당기고 있는 것만 같았다. 거부하려 해도 거부할 수 없는 무언가가 서서히 나를 사로잡고 있었던 것이다. 이 부족과 내 삶이 연결되는 듯한 느낌을 계속 받게 되면서 나는 시간이 나는 대로 그곳을 자주 방문하게 되었고 그들과 가까워지기 시작했다.

그러던 어느 날, 비키칸 교회를 방문하기 위해 가던 중이었다. 나는 마치 군사훈련을 받는 육군 병사처럼 배낭을 짊어지고 옆구리에는 물통을 찼다. 사당가에 도착했을 때는 이미 어둠이 깔리기 시작했다. 하지만 난 가던 길을 멈추지 않았다. 어둠이 깔리면 더욱더 조심해야 한다. 왜냐하면 사방이 매우 위험한 미끄러운 절벽길이기 때문이다.

난 시간을 단축하고 싶은 마음에 뛰기 시작했다. 얼마나 뛰었을까. 숨이 턱밑까지 차오른다. 거친 숨소리를 내 뱉으며 한참을 달려 중간 정도 지점에 다달았을 때에는 이미 도저히 분간할 수 없는 칠흑같이 캄캄한 밤이 되어 버렸다. 사당가에서 비키칸 가는 길은 계단식 논둑길로 되어 있어 한쪽은 낭떠러지고 한쪽은 논이다. 아주 좁고 길 또한 매우 미끄럽다. 밝은 날에도 정신을 똑바로 차리지 않으면 낭떠러지에 떨어지기 십상이다. 때로는 걷다가 길이 끊기면 삐죽 나온 돌멩이를 계단삼아 낭떠러지 길을 다시 올라가고 또 걷게 된다. 그런 길을 밤에 걷기란 쉽지 않다. 그렇다고 랜턴이나 횃불을 켤 수도 없다. 밤에만 활동하는 신인민공산게릴라(N.P.A)들이 불빛을 향하여 조준 사격을 가할 수 있기 때문이다. 또한 필리핀 군인들도 불빛을 향하여 총질을 하기도 한다.

나는 할 수 없이 논바닥으로 들어갔다. 이번에는 무릎 위까지 진흙 속으로 빠졌다. 그리고 여전히 아무것도 보이지 않았다. 배낭을 짊어지고 걸음을 옮겨 보지만 몸을 똑바로 지탱할 수 없어 비틀거리

▶ 산지족 원주민 어린이들을 돌보고 있는 권 선교사. 누가 선교사이고 원주민인지 구분이 안 된다.

다가 앞으로 넘어지고 뒤로 거꾸러지면서 온몸은 그야말로 흙탕물로 흠뻑 젖었다. 이러한 곳에서 온몸을 흙탕물로 뒤집어쓰고 걸어가는데 얼마나 뼛속까지 추위가 느껴지던지……

필리핀은 본래 더운 나라이지만 나의 선교 사역지는 해발 2,000미터 또는 2,500미터의 고산지대이기에 우리가 생각하는 필리핀의 일반 기후와는 다르다. 산간지방이라 해가 늦게 뜨고 일찍 진다. 그럴 만도 한 것이 오후 3시만 되면 주위에 병풍처럼 둘러선 높은 산들로 인해 해가 빨리 지게 된다. 때로는 밤이 되면 우리 나라 초겨울 날씨처럼 기온이 뚝 떨어지기도 한다.

새벽 5시에 집에서 출발하여 아무것도 먹지 못해 얼마나 배가 고픈지 나는 허기진 배를 움켜잡고 추위에 떨며 비키칸을 향하여 걷고 또 걸었다. 얼마나 한참을 허우적거리며 걸었을까. 너무 춥고 배가 고파 무릎에 손을 얹고 고개를 숙이고 있는데 나도 모르게 눈물이 쏟아졌다. 인간의 서러움이란 다른 데 있는 것이 아니었다. 춥고 배고프다는 것이 얼마나 서러운 일인지 뼈저리게 느끼는 순간이었다. 그러나 주님께서는 나를 이대로 내버려 두시지 않으셨다. 나를 이곳에 보내신 분이 주님이요 성령님이시기에 내 마음에 위로와 감동을 주시며 내 의지와는 상관없이 내 입술을 열어 말씀하시는 것이었다.

"내 너를 위하여 몸 버려 피 흘려주었건만 너는 나를 위해 무엇 했느냐. 내가 너를 구속하기 위하여 내 몸을 십자가에 못 박아 아낌없이 다 피 흘려주었건만 너는 나를 위해 무엇 했느냐."

주님께서 나의 과거를 물으시는 것이었다.

"너는 나를 위해 무엇 했느냐"

그때 나는 논바닥에 엎어져서 주님을 향해 외쳤다.

그리고 뼈저린 회개의 눈물이 서러움과 함께 복받쳐 흐르기 시작
했다.

주님!

주님은 나를 위하여 모든 것을 아낌없이 다 주었는데, 나를 억
만 죄악 가운데서 구속하기 위하여 아낌없이 다 피 흘려 주셨
는데, 나는 주님을 위하여 무엇을 했습니까? 주님, 용서해 주
세요! 지난날 나는 진정 성도다운 성도였는가. 진정 목사다운
목사였는가.

이렇게 허기진 배를 움켜잡고 지난날을 회상하며 참회의 눈물로
회개하고 있는데 성령께서 또 다시 내 입술을 열어서 찬송하게 하셨
다.

"내 너를 위하여 몸 버려 피흘려 주었건만 너는 나를 위해 무
엇 하느냐"

주님께서 나의 현재를 묻고 계셨다.

예, 주님. 나 비록 연약하고 보잘것없는 존재지만 선교한다고
이 논바닥 위에서 추위와 허기진 배를 움켜잡고 허우적거리고
있습니다.
가진 것이란 죄밖에 없는 나인데 복음을 위해서 선교를 위해서
주님께서 나를 불러 주시고 나를 써 주시니 주님 감사합니다.
나를 받으시니 감사합니다. 나를 써 주시니 감사합니다.

나는 뜨거운 눈물을 흘리며 하늘을 향하여 두 손을 높이 들고 감
사의 기도를 드렸다. 이 때 말로 형용할 수 없는 예수 그리스도의 기
쁨이 내 마음속에 강물처럼 넘쳐났다. 배고픔은 여전했고 추위는 나
를 계속 괴롭혔지만 마음만은 예수 그리스도의 기쁨으로 가득 차 있
었던 것이다.
"주님, 감사합니다!"를 수없이 외치며 나는 다시 논바닥을 기다시

피 하여 선교지에 가까스로 도착할 수 있었다.

한편, 이런 뜨거운 선교의 열정으로 사역을 감당하고 있던 중 나를 이곳에 파송했던 선교회와 교회 간의 갈등으로 후원비가 끊기게 되었고, 나는 한국에 있는 가족과의 합류가 어렵게 되어 비키칸 부족으로 다시 들어가게 되었다. 비키칸 부족의 원주민들과 함께하는 생활은 문명사회에서 살아온 나로서는 '비참함' 바로 그 자체였다.

아침에 일어나면 원주민과 함께 헝클어진 머리 하며 눈에는 눈곱이 가득 끼었고 식사는 그들과 마찬가지로 안남미 밥에 소금을 반죽하여 손으로 비벼 먹었다. 밤에는 추위에 떨어야 했고, 내 몸은 점점 야위어 갔다.

어느 날 아침 새벽 기도를 하려고 창문을 열었다. 할머니 한 분이 돼지 우릿간으로 가는 모습이 보였다. 산지족의 돼지 우릿간은 별다른 시설 없이 돌멩이를 괴어 만든 것인데, 원주민들은 새벽이면 그곳에 걸터앉아 대변을 본다. 그러면 돼지들이 달려들어 변을 받아 먹는 것이다. 그런데 그날은 할머니의 변이 돼지 우릿간에 떨어지지 않고 그 옆에 떨어지게 되었고, 그 순간만을 기다려 왔다는 듯 개가 와서 덥석 삼켜 버렸다. 이처럼 식량이 귀한 산 속에서는 사람의 변도 개와 돼지들에게는 귀한 음식이 된다.

▶ 돼지 우리 화장실에서 원주민 할머니가 일(?)을 보고 있는데 옆에 개 한 마리가 입맛을 다시며 기다리고 있다.

어느 해 여름 우리 노회 소속의 연세가 있으신 목사님 세 분이 선교지를 방문하셨다. 닭 울음소리 개 짖는 소리에 밤잠을 설친 목사님들께서 일찍이 일어나 나를 깨우셨다.

"권 선교사님! 여기 화장실이 어디입니까?"

"아, 예 목사님. 어라운드(around)가 화장실입니다. 아무데서나 일을 보시면 됩니다."

한국에서 오신 목사님들이 한참을 망설이시다가 급하셨는지 화장지를 말아서 숲속으로 들어가시는 것이었다. 아! 그런데 이게 왠일인가? 외지에서 새로운 사람들이 왔다는 것을 개들과 돼지들이 눈치챈 모양이다. 목사님들의 동태를 살피고 있던 중, 숲속으로 들어가는 것을 보고 이때가 기회라 생각한 개들이 졸졸, 돼지들이 꿀꿀 거리며 따라가는 것이었다. 목사님들이 뒤를 돌아보자 개와 돼지들이 따라오는 것을 보시고는 돌을 던지고 소리를 치며 발길질을 했지만 전혀 먹히지 않는 기색이다. 뒤에 벌어진 일들은 여러분들의 상상에 맡기겠다.

성경에 보면 주님께서 새벽 미명에 일찍 일어나 한적한 곳으로 기도하러 가셨는데, 선교사인 나는 새벽 미명에 일찍 일어나 일(?)을 보러 간다. 새벽 4, 5시 사이는 선교사 타임이고 5, 6시까지는 원주민 타임인 셈이다.

'비롱사이(Binunjsay)' 부족 마을에서 일어났던 일이다. 나는 새벽 일찍 일어나 숲속으로 향하면서 누가 이른 아침에 이 깊은 숲속까지 왔겠는가 하고 막 앉아서 일을 보려는데 바로 그때 3미터 전방에서 원주민 자매가 벌떡 일어나면서 "굿모닝, 선교사님!" 하는 게 아닌가. 서로 민망해 하면서도 우리는 웃고 말았다. 이 일은 '어라운드 화장실' 에 얽힌 웃지 못할 해프닝이었다.

썩은 고기

필리핀 산지족들에 있어 2월부터 6월까지는 옛날 한국의 보릿고개처럼 양식이 떨어지는 기간이다. 이때는 먹을 것이 더욱 없어 아침에는 밥, 점심에는 고구마로 하루에 두 끼만 먹기도 한다. 선교사인 나도 어쩔 수 없이 그들과 함께 굶어야 했다.

그런데 어느 날, 너무나 기쁜 소식을 들었다. 어느 집에서 산돼지를 잡았다며 저녁 식사 초대를 한 것이다. 숯불에 올려진 바비큐를 생각하며 내 가슴은 한없이 부풀어 올랐다. 생각해 보라. 먹지 못한 자의 서러움을…. 그렇지 않아도 배가 고팠던 터였기에 기대감은 더욱 컸다.

조그만 집에는 벌써 많은 원주민들로 북적거렸다. 작은 초롱불 사이로 서로의 눈망울만이 더욱 반짝거렸다. 바비큐가 나오기만을

▶ 산지족 원주민 성도의 가정을 방문. 2000미터가 넘는 산지이기에 춥지만 입을 옷이 없어 내 마음을 아프게 한다.

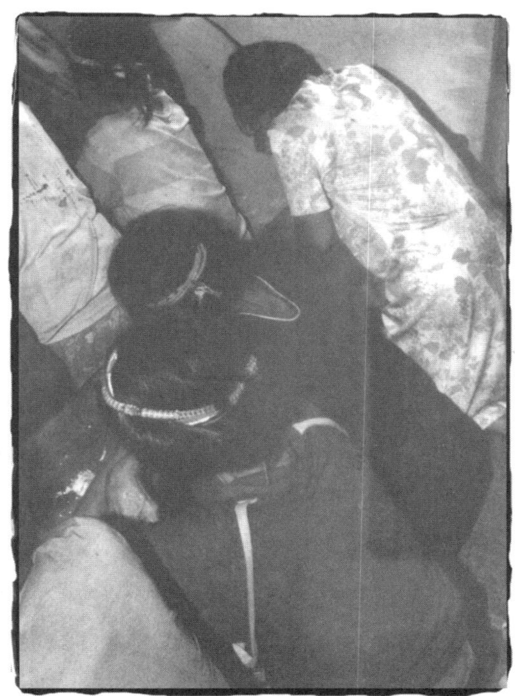

▶ 산지족 원주민 성도들이 엎드려 기도하고 있는 모습

기다리는 간절한 눈망울이었다. 한참 후가 지났을까… 그런데 이상하게도 소쿠리에는 바비큐가 아닌 삶은 고기가 담겨져 있었다.

허기가 극에 달했던 나는 이것 저것 가릴 겨를이 없었다. 이제 선교사의 체면은 더 이상 사치라고 생각했다. 내게 주어진 기회를 최대한 활용하여 커다란 고기를 잡아야 한다는 일념뿐이었다. 드디어 눈을 크게 뜨고 제일 크게 보이는 고기를 향하여 손을 뻗었다. 손길이 닿는 순간 비교적 월척임이 틀림없었다. 남에게 빼앗길지도 모른다는 생각에서 손으로 꽉 움켜 쥔 채 한 입 정신없이 깨물었다.

비록 내가 그렇게도 열망하던 산돼지 바비큐는 아니었지만 이제 내게 더 이상 선택의 여지가 없었던 것이다. '앗! 그런데 이게 어찌된 일인가?' '이 고약한 냄새는 도대체 어디서 나는 것일까?' 산돼지 고기는 이미 썩은 고기였던 것이다. 참으로 허망했다. 그렇게도 열망했던 산돼지 고기였는데…….

일은 여기서 끝나지 않았다. 이제 한 입 물어 입 속에 있는 썩은 고기를 먹을 수도 내뱉을 수도 없는 깊은 고뇌의 시간이 온 것이다. 뱉으려고 주변을 살피니 앞뒤 좌우로 원주민이 가득하고 내가 어떻게 하는가를 살펴보는 것 같았다. 나는 순교하는 심정으로 그 썩은 고기를 씹어서 목구멍으로 간신히 넘겼다. 이 썩은 고기 냄새로 인해

▶ 원주민 부족 축제때 음식을 끓이기 위해서 큰 솥을 준비한 곁에 앉아 있는 권 선교사

▶ 산지족 원주민들의 공동묘지. 두개골을 들고 미소짓고 있는 권 선교사

나의 내장은 뒤틀렸고 먹은 것이 전혀 없어 빈 속이었던 것이 그나마 다행이었다.

이들은 때로 산속 깊은 곳에 들어가 노루나 산돼지를 잡아 오는데 문제는 보관 방법이다. 전기와 냉장시설이 없다 보니 오랫동안 보관하고 먹을 수가 없다. 그저 처마에 매달아 말리는 게 전부다. 이때 고기냄새를 맡고 온갖 종류의 벌레와 똥파리 그리고 쉬파리가 몰려든다. 그리고 고기 살 속 깊은 곳에 알을 까고 나중에는 그것이 구더기가 되어 살 속 깊은 곳까지 바글바글 하게 된다. 어떤 때는 구더기가 하도 많아 가만히 있어도 땅에 떨어질 정도다. 이렇게 말린 고기를 그저 아무렇지도 않다는 듯 툴툴 털어낸 다음 털이 붙어 있는 채로 삶아서 가져온 것이다. 선교사이기에 가능했던 소중한(?) 경험이었다.

범사에 감사하라 이것이 그리스도 예수 안에서 너희를 향하신 하나님의 뜻이니라(살전 5:18)

사모의 피부병

'암바토(Ambato)' 부족 마을에서의 일이다. 나는 아내와 함께 산지족 교회를 방문하던 중 암바토 부족 마을에서 하룻밤을 지내게 되었다. 산 아래는 치코(Chico) 강이 흐르고 산 위에는 부족이 산다. 이곳은 기후가 덥고 습하기 때문에 벌레나 모기, 파리들이 많이 들끓었다.

나는 여러 산지족을 방문하면서 많은 모기와 벌레들에게 물려 봤지만 대부분 하루 이틀 자고 나면 가려움이 사라지는데 심한 경우는 일주일 정도 가기도 한다. 가려움이 심해 참을 수 없는 경우는 가려운 부위를 날카로운 칼로 상처를 내기도 한다. 가려움보다는 오히려 아픈 것이 참기 쉽기 때문이다. 하룻밤을 자고 일어난 아내의 몸에 이상한 붉은 반점들이 솟았다. 그런데 좀처럼 가라앉지 않는 것이었다.

▶ 산지족 원주민 부엌에서 밥을 짓고 있는 사모.

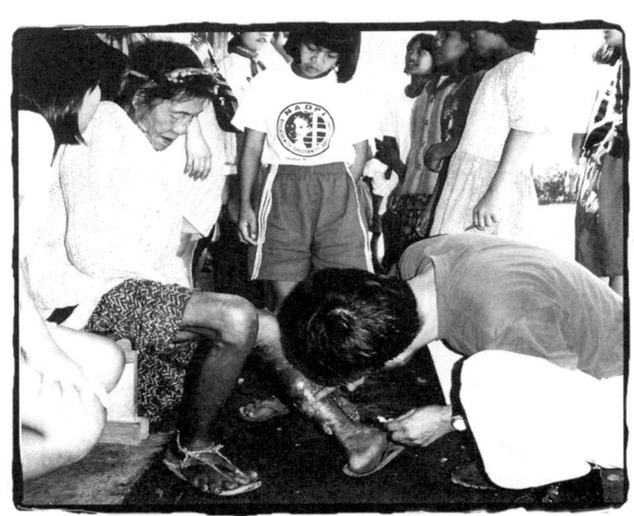

▶ 산지족 원주민의 피부병을 치료하고 있는 권 선교사.

붉은 반점으로 돋아난 피부는 비에 젖은 옷깃에 스쳐 빨갛게 독이 오르고 진물이 흐르기 시작했다. 밤이 되면 무의식 중에 손톱에 피가 맺히도록 자기 몸을 긁었다. 도시로 내려와 병원에서 진단과 치료를 받았으나 전혀 가라 않지 않았다. 점점 심해진 피부병은 살이 썩어 들어갔고 옆구리, 허벅지, 다리 등 온몸으로 번져갔다. 썩은 곳에서 진물이 흐르기 시작했다. 아내의 괴로워하는 모습을 보면서도 낫게 할 방법을 찾을 수 없어 더욱 괴로웠다.

피부병을 치료받기 위해 온갖 노력을 기울였지만 모든 것이 허사였다. 그러던 중 귀국을 하게 되었고, 안산에 있는 한 피부과에서 진찰을 받았다. 안산제일교회 집사님으로 특별히 선교사님들에게 무료로 진료해 주시는 분이었다.

"저희는 필리핀 선교사입니다."

"제 아내가 이렇게 피부병 때문에 고통을 받고 있다가 찾아오게 되었습니다."

의사는 먼저 정밀 검사와 조직 검사를 하자고 했다. 한참 후 검사를 마친 의사의 말을 듣고 우리는 또 한번 소스라치게 놀랐다. 아내의 피부 속에서 기생충들이 알을 까고 살고 있다는 것이다. 아내는 곧바로 수술을 받고 그 집사님의 처방대로 약과 주사로 오랫동안 치료한 결과 피부는 점차 회복되어 갔다. 집사님의 도움으로 원래의 모습을 되찾게 된 것이다.

선교지를 다니다 보면 잠자리가 없어 땅바닥에 침낭을 깔고(창고 옆 땅바닥) 잠을 자는 경우가 있는데, 가끔 쥐들이 얼굴을 지나가기도 하고 바퀴벌레와 도마뱀이 침낭 속으로 파고들기도 한다.

다누딴(Tanudan) 부족 마을은 띵나얀(Tinglayan) 부족 마을에서 산맥을 넘어 11시간 정도 걸어서 가야 하는 곳이다. 따라서 하루에 다 가지 못하고 산속에서 하룻밤을 지내게 되는데 아침에 일어나 보면 나뭇잎에 기생하고 있는 거머리들이 온몸에 달라붙어 피를 빨고 있다. 그럼에도 복음의 진보는 멈추어질 수 없기에 나는 산을 오르고 또 오른다.

아름다운 소식을 시온에 전하는 자여 너는 높은 산에 오르라
아름다운 소식을 예루살렘에 전하는 자여 너는 힘써 소리를
높이라 두려워 말고 소리를 높여 유다의 성읍들에 이르기를
너희 하나님을 보라 하라(사 40:9)

사카사칸(Sacasacan) 부족의
살인 사건

chapter 09

　부산에 있는 어느 지방 신학교 학생들이 졸업 여행을 우리 선교지로 오게 되었다. 띵나얀 부족에서 12월 31일 원주민과 함께 송구영신예배를 드리고, 다음날 없는 교통편을 겨우 마련해서 사카사칸 부족 마을로 이동하게 되었다.

　그런데 부족 마을에 도착하자 여느 때와는 달리 싸늘한 냉기가 느껴졌다. 우리는 예정대로 저녁에 전도 부흥집회를 열었다. 집회는 계속되고 열기가 뜨겁게 달아오를 즈음 갑자기 교회를 향하여 돌멩이가 날아 들었다. 창문이 깨지고 양철지붕 위로 커다란 굉음이 들렸다. 교회 안에 있는 우리들은 갑작스럽게 벌어진 상황에 놀라 가슴이 철렁거렸다. 교회 밖에서는 원주민들의 아우성 소리가 들렸다. 무엇인가 분명 잘못된 일이 벌어지고 있었다.

105

어떤 원주민 몇 명이 칼을 빼들고 나를 죽이겠다고 찾아 온 것이다. 원주민 할머니들(교인)이 그들을 가로막고 교회 안으로 들어오지 못하도록 막았지만, 그들은 계속 안으로 들어오려고 시도하면서 나를 죽이겠다고 으름장을 놓았다.

그때 한국에서 온 신학생들은 앞좌석에 앉아 있다가 모두 일어나 약속이나 한 듯 강대상에 서 있던 내 뒤로 숨어 버렸다. 극도의 불안과 공포 속에서 살벌한 시간이 흐른 뒤, 온 교회 부족 성도들이 일어나 그 사람들을 뜯어 말리면서 소란은 종료되었다. 그렇지만 놀란 우리들의 가슴은 좀처럼 가라앉지 않았다. 결국 예배를 계속 드릴 수 있는 상황이 아님을 깨닫고 서둘러 예배를 마쳤다.

우리는 곧장 숙소로 돌아와 어떤 연유인지 알아본 후 놀란 가슴을 다시 한번 쓸어 내렸다. 어떤 원주민이 연말연시에 이르러 곡식을 썩혀 만든 술을 먹고 취한 나머지 임신한 자기 아내의 배를 차 버려 아내와 뱃속에 있는 아이가 죽었고, 이 일로 족장회의가 열려 판결 끝에 남편 역시 다음날 목이 잘리게 되었다는 것이다. 졸지에 이 마을에서 하룻밤 사이에 그 남자와 아내, 그리고 뱃속의 아이까지 이렇게 해서 3명이 한꺼번에 죽은 것이다. 이런 사실을 나는 알지도 못한 채 저녁 집회를 하면서 큰 소리로 찬양을 하고 있었으니 핏발 서린

▶ 어느 날 갑자기 탤런트 정애리 권사님께서 사카사칸 부족을 방문하였다. 어떻게 이 먼 곳까지 오셨는지 지금도 알 수가 없다.

눈빛으로 칼을 빼들고 우리에게 다가온 것이었다. 원주민들의 감정을 자극시켰던 것이다.

그날 주님께서 원주민 할머니들을 통하여 우리를 보호해 주시지 않았다면 나를 비롯하여 한국에서 온 신학생들 모두 희생을 당할 뻔했다. 지금 생각해도 매우 끔찍한 일이다. 산속 원주민 사회는 지금도 마찬가지이지만 부족 간에 전쟁이 일어나거나 살인 사건이 일어나도 필리핀 정부의 영향력이 미치지 못한다. 그저 부족 간에 원만히 합의하여 처리되기를 바랄 뿐이다.

특별히 사카사칸 부족은 내 선교 역사 속에서 가장 사탄의 공격을 많이 받은 곳이다. 하루는 한국에서 방문한 어느 목사님과 함께 잠자리에 들었는데, 자정쯤 되었을 때 교회 주위에 로켓 포탄이 터지며 곳곳에서 총소리가 울려 퍼지는 것이 아닌가. 폭탄 터지는 소리는 온 부족 마을을 진동시켰고, 굉음 소리에 놀란 나와 목사님은 황급히 돼지 우릿간으로 몸을 피했다. 그때 밖에서 '디토이 디토이'(여기 여기) 사람이 죽었다며 아우성거리는 소리가 들렸다.

산속에 숨어 있던 신 인민공산게릴라 (N.P.A)가 쳐들어 온 것이다. 사카사칸 부족 마을 어귀에는 필리핀 군부대가 항상 주둔해 있다. 산속에서 활동하는 게릴라들의 동태를 살피고 원주민을 보호하기 위해서다. 그들이 교전하고 있는 동안에 우리들은 돼지 우릿간에 몸을 숨긴 채 이렇게 외쳤다.

"하나님, 살려 주세요! 우리는 외국인이기 때문에 게릴라들에게 잡히면 죽습니다. 하나님, 이번에 한 번만 살려 주시면 다시는 이곳에 오지 않겠습니다."

▶ 민병대원 성도와 함께한 권 선교사. 신인민 공산 게릴라들의 잦은 공격으로부터 부족을 지키기 위해 부족마다 민병대를 조직하였다.

▶ 산지족 원주민들의 삶의 모습

이때 하나님께서 말씀하셨다.

"너 복음 들고 어디든지 간다고 하지 않았느냐? 복음 들고 소
돔 같은 거리에도 아골 골짝 빈들에도 간다고 하지 않았느냐?"

"주님! 그것은 내가 선교사 파송예배 때 부른 찬송 같은데요,
그런데 지금은 폭탄이 터지지 않습니까? 하나님, 살려 주세요!"

하나님께서 우리의 기도를 받으셨는지 게릴라들은 필리핀 정부
군의 공격으로 퇴각해 버렸고, 다음날 우리는 일찍이 사카사칸 부족
마을을 빠져나올 수 있었다. 하나님께서 우리를 살려 주시면 결코 다
시는 이곳에 오지 않겠다고 했지만 지금도 여전히 내 발걸음은 이곳
을 향하고 있으니, 이것이야말로 하나님이 내게 주신 선교에 대한 소
명이 아닌가 싶다.

내가 복음을 전할지라도 자랑할 것이 없음은 내가 부득불 할
일임이라 만일 복음을 전하지 아니하면 내가 화가 있을 것이
로다(고전 9:16)

뒤바뀐 운명,
미니버스가 추락하다

chapter 10

그 당시 함께 선교 현장을 누볐던 박 선교사와 나는 따북으로 가기 위해서 산지족 신학교가 있는 사방안(Sabangan)에서 아침 7시경 본톡을 향하여 출발했다. 아침 8시에 출발하는 따북행 미니버스를 타기 위해서다.(전에는 길이 험해 오직 지프니만 다님) 우리는 45분 만에 본톡에 도착했다.

하지만 있어야 할 버스가 눈에 보이지 않는다. 아직 15분이나 남아 있음에도 이미 출발하고 만 것이다. 우리는 어이가 없어 시간 약속을 지키지 않고 떠나 버린 버스 기사를 향하여 불평할 수밖에 없었다.

우리는 할 수 없이 지프니를 수소문했다. 그리고 8시간이나 차를 타야 할 생각을 하니 눈앞이 캄캄했다. 우리는 한 시간 뒤에 출발할 지프니 안에서 출발 시간을 기다렸다. 이윽고 시간이 되어 우리가 탄 지프니가 따북을 향하여 출발했다. 어느 정도 달렸을까, 이상하게도 반대쪽 방향의 지프니가 한 대도 보이지 않는다. 이상하다 생각했지만 우리는 이내 무심코 털털거리는 지프니에 몸을 의지한 채 가던 길을 재촉했다.

그리고 약 1시간 30분 정도 차를 타고 왔을까? 많은 사람들이 웅성거리며 모여 있는 것을 보았다. 앞서 가던 차들이 떠날 줄 모르고 그 자리에 멈춰 서 있었다. 우리는 서로 어찌된 영문인지 물어볼 겨를도 없이 눈앞에 펼쳐진 처참한 광경을 보고 놀라지 않을 수 없었다.

"어! 저 차는 우리를 태우지 않고 15분 먼저 떠난 차가 아닌가? 아니, 이럴 수가…!"

약속을 지키지 않고 먼저 떠나 속상해 하며 아쉬워했던 버스가 그만 절벽 아래로 굴러 떨어진 것이다. 버스는 아예 뭉개져 형체를 알아볼 수 없을 정도였다. 박 선교사와 나는 누가 먼저랄 것도 없이 계곡 아래로 뛰어 내려가 사고를 당한 사람들을 버스 안에서 밖으로 꺼내기 시작했다. 거기에는 이스라엘에서 관광하러 왔다가 참변을 당한 자매도 있었다. 그녀는 뼈가 살갗을 뚫고 나올 정도로 다리가 심하게 부러졌고, 결국 머리에 큰 부상을 입어 이미 숨이 끊어진 상태였다.

얼마 후 헬리콥터가 동원되어 시신들을 본톡에 있는 조그만 병원
으로 옮기기 시작했다. 이 처참한 광경을 바라보며 나는 놀란 가슴을
또 한번 쓸어 내렸다. 그리고 말로 표현할 수 없는 눈물이 내 얼굴 위
로 흘러 내렸다. 이 사고로 미니버스에 탔던 약 30명 정도의 승객 모
두가 사망했다.

> 범사에 감사하라 이것이 그리스도 예수 안에서 너희를 향하신
> 하나님의 뜻이니라(살전 5:18)

우리는 선교 센터로 돌아와 놀란 가슴을 쓸어 안고 한국에 계신 장
장로님께 전화로 말씀을 드렸다.

"장로님, 어찌 이런 일이 있을 수 있습니까? 우리가 만일 그 버스
에 탔다면 우리도 결국 죽었을 거예요."

이때 그 장로님은 "권 선교사님, 뭘 그렇게 놀라세요? 선교사님
이 그 버스에 타셨다면 그 버스는 구르지 않았겠지요." 하시며 아무
렇지도 않다는 듯 웃으시는 것이다.

나는 여기서 장로님의 깊은 신앙을 엿볼 수 있었다. 나는 장로님
의 말씀을 오늘날까지도 나 자신을 돌아보게 하는 귀한 말씀으로 마

음 속 깊이 간직하고 있다. 아직도 하나님께서 나를 통하여 하실 일
이 있으시리라 생각하고 하나님께 영광을 돌렸다.

하나님이 내 영혼을 건지사 구덩이에 내려가지 않게 하셨으니
내 생명의 빛을 보겠구나 하니라(욥 33:28)

죽을 생명 살린
어머니의 눈물의 기도

사카사칸 부족 마을에서 우리는 고구마 한쪽을 먹고 비키칸 부족 마을로 향했다. 걸어서 약 한 시간 반이 소요되는 거리지만 평지가 아니 산을 넘어야 하는 결코 만만치 않은 거리이다. 나는 비키칸 부족 마을에 도착하자마자 서둘러 성도들을 방문하고 또 다시 5~6시간을 걸어 오늘의 최종 목적지인 아나벌(Anaper) 부족 마을에 도착했다. 그때 시간이 오후 3시쯤이었다.

주위를 둘러보니 부족의 모든 원주민들이 농사를 지으러 밖으로 나가고 없었다. 이들은 새벽 일찍 일어나 산지를 개간하여 계단식 농지를 만들어 어렵게 생계를 이어간다. 저녁이 되면 전기가 없어 문화적 혜택을 받을 수 없는 곳이다. 그저 사방이 어둡기만 하여 일찍 잠자리에 들게 되는데, 이런 이유에서인지 보통 한 집에 자녀들이 10명

115

또는 12명씩 된다.

산지에서 농사를 마치고 돌아오면 통나무로 만든 절구통에 햇볕으로 말린 벼 이삭을 집어넣고 빻아서 저녁 식사를 준비한다. 그러나 나는 오후 3시쯤 도착했기에 원주민들을 만나지 못하고 아무것도 얻어먹지 못한 상태에서 또 다른 부족 마을로 향하기 위해 발걸음을 옮겼다.

아나벌 부족 마을까지는 매우 가파른 계곡을 타고 내려가야 한다. 그렇게 내려가기를 1시간 가량, 원주민 방문을 마친 우리는 내려온 만큼 다시 올라가야 했다. 하늘에서는 햇볕이 아주 강하게 내리쬐었다. 그로 인해 땅에서는 지열이 뜨겁게 달구어 올랐고 숲속에서는 태양 빛을 받은 열기가 나를 숨막히게 했다.

나는 가파른 언덕을 마치 에베레스트 산을 오르는 등산가처럼 숨을 몰아쉬며 오르기 시작했다. 그런데 오늘은 다른 날보다 더 힘들고 고통스러웠다. 그도 그럴 것이 아침에 고구마 한 쪽 먹은 것 외에 전혀 먹지 못했기 때문이다. 숨은 차고 목은 타오르고, 그러나 내가 이미 준비해 간 물통의 물은 이미 바닥이 난 지 오래다. 얼마나 더 가야 할까? 위를 쳐다보니 아직도 가야 할 길이 멀었다. 계속해서 찌는 더위가 연약한 몸을 더욱 고통스럽게 한다. 제법 많이 올라왔기에 이제 내려갈 수도 없는 상황이었다.

꼭 죽을 것만 같은 죽음의 공포가 밀려왔다. 두려움 속에서 숨을 한번 몰아쉬는데 그만 입이 다물어지지 않는다. 입 안은 바싹 말라 버렸고 더 이상 숨이 쉬어지지 않는다. 나는 두 손으로 목을 움켜진 채로 급하게 어머니를 불렀다.

"엄마, 나 여기서 죽네! 엄마!"

이렇게 말하고 나는 쓰러져 버렸다. 그리고 의식을 잃었다. 선교사로서 결정적으로 죽음의 위기를 만났을 때 왜 나는 주님을 부르지 못하고 어머니를 불렀을까? 나의 어머니는 못난 자식을 선교지로 보낸 이후 그동안 걱정과 염려로 하루도 밤잠을 편히 이루지 못하신다. 밤이 되면 항상 교회에 가서서 밤새워 기도하시던 어머니이시다.

어느 해인가 한국을 방문했을 때 어머니의 얼굴에 작은 상처가 많이 났길래 어머니에게 물은 적이 있다.

"어머니, 왜 얼굴에 상처가 이렇게 많이 났어요?"

어머니는 그저 웃기만 하셨다. 그러나 나는 다 안다. 추운 겨울철에 교회에 가서서 밤새워 장의자에 꿇어 엎드려 기도하면서 의자 밑으로 불어오는 차가운 겨울바람 때문에 어머니의 얼굴이 트신 것이다. 이토록 엄동설한에도 교회를 떠나지 않으시고 자식과 교회와 민족을 위해서 기도하시던 어머니이시다.

그 자리에서 쓰러진 나는, 날 위해 기도하시던 어머니의 모습이 스쳐 지나가면서 나도 모르게 눈에 눈물이 가득 고이게 되었고, 그 눈물은 다시 입 안으로 흘러 들어갔다. 나는 본능적으로 눈물을 삼키게 되었다. 그러면서 막혔던 목구멍이 뚫어지고 가느다란 호흡이 다시 시작되면서 숨을 쉴 수 있게 된 것이다.(하나님께서 우리 인간의 신체 구조를 이렇게 정교하고 오묘하게 창조하신 것을 나는 그때 새롭게 깨달을 수 있었다.)

입 안에 고였던 눈물을 머금고 겨우 숨을 쉬게 된 나는, 아주 천천히 조심스럽게 발걸음을 옮겨 그 계곡을 넘어 갈 수 있었다. 천신만고 끝에 다시 비키칸 부족 마을에 도착하게 된 것이다. 나는 한국 교회를 방문하여 강단에 설 때마다 이 이야기를 간증하곤 한다.

"성도님 여러분, 내가 죽음의 위기를 만났을 때 내 입 안에 고인 눈물을 마시고 살아났습니다."

이때 내 안에 계신 성령님께서 말씀하셨다.

"아니다. 네 입 안에 고인 눈물은 네 눈물이 아니다."

"그럼 누구의 눈물이라는 말씀입니까?"

"그 눈물은 네 어머니의 기도의 눈물이다."

▶ 환자들을 위해 주님께 간절히 기도하고 있는 권 선교사. 산지족 원주민들은 병이 들어도 어쩔수가 없다.

▶ 산지족 부족에서 교회 개척을 시작하며

나는 다시금 성령께서 나에게 교훈하시는 음성을 들을 수 있었다. 그리고 그 눈물은 내 눈물이 아닌, 바로 어머니의 기도의 눈물이었음을… 이래서 나는 확신 있게 다음과 같이 설교하곤 했다.

"사랑하는 성도 여러분! 여러분의 눈물의 기도는 죽어가는 자식을 살리고, 교회를 살리고, 민족을 살립니다."

이러한 말씀, 즉 생생한 체험과 함께 말씀을 전하면 모든 성도들이 깊은 은혜를 받고 중보기도의 필요성을 절감하게 되는 것 같다. 이제는 나이가 많이 드셔서 당신 몸조차 제대로 가누지 못하시지만 오늘도 어김없이 밤이 되면 교회로 향하시는 어머니의 모습을 생각할 때마다 나는 큰 힘과 용기를 얻는다. 어머니의 눈물의 기도가 없었다면 오늘날 나의 선교사역도 없었을 것이다.

여호와여 오직 주께 내가 부르짖었사오니 아침에 나의 기도가
주의 앞에 달하리이다(시 88:13)

태풍 속 주님의 음성

chapter 12

하나님은 놀라운 음성을 내시며 우리가 헤아릴 수 없는 큰 일
을 행하시느니라(욥 37:5)

아내와 나는 부족 교회에서 전도 부흥집회를 열고 신학교에서 강
의를 마친 후 바기오로 돌아오는 중에 태풍을 만났다. 이미 '큰 태
풍'이 필리핀 동해안을 강타하고 우리 선교지 쪽으로 향하고 있었
고, 우리는 강한 바람 속에서 버스를 타고 약 4시간 정도 달려 '아똑
(Atok)'이라는 곳에 멈추어 서게 되었다.

태풍으로 산사태가 나서 절벽이 무너져 내려 꼼짝달싹 못하게 된
것이다. 도로 위에는 이미 수북이 쌓인 돌과 흙으로 인해 본래의 모

습을 잃어 버렸다. 우리는 결국 다른 방도가 없어 버스 속에 갇힌 신
세가 되었다. 그때 함께 동행 했던 김현영 선교사가 이렇게 말한다.

"선교사님, 산사태로 산이 무너져 내렸지만 지금 소강상태에 있
으니 지금 빨리 뛰어 건너면 넘어갈 수 있습니다."

"그래요? 그렇다면 가야지."

그래서 버스 밖으로 나오게 되었는데 막상 나오고 보니 비바람
이 심하게 몰아쳤다. 그래도 우리는 가야만 했다. 사람들은 무너진
도로를 어떻게 해서라도 건너려고 애를 쓰는 모습이다. 우리 역시 도
로를 살폈지만 이미 길은 온데간데 없이 사라지고 흙과 큰 바위 그리
고 자갈들로 엉켜져 있어 아무리 보아도 쉽게 건널 수 없을 것만 같
았다.

"선교사님, 제가 먼전 건널게요. 선교사님은 뒤따라 오세요."

김 선교사는 그 위험한 바위 사이를 마치 토끼가 깡충깡충 뛰어
가듯이 무사히 목적지까지 건너갔다. 이어서 버스에 탔던 필리핀 원
주민 자매들이 건너기를 시도했다. 우리는 여전히 도로와 무너진 산
을 유심히 관찰하고 있었다. 그들이 중간쯤 건너갔을까? 갑자기 산
위에 있던 바위들이 굴러 떨어지기 시작했다. 조심스레 건너기를 시
도하던 자매들이 당황해 하며 중간 지점에서 우왕좌왕하는 모습들이

보였다. 일촉즉발의 위험한 상황이었다.

그때 우리들은 큰 소리로 이렇게 소리쳤다.

"Go! Go! 가라! 가라!"

우리는 계속 가라고 외쳤다. 그때 자매들은 우리의 소리에 정신을 차렸는지 쓰러지고 일어나기를 몇 번이고 반복하면서 그 험한 곳에서 가까스로 빠져 나갈 수 있었다. 그 자매들이 건넌 후 몇 초가 흘렀을까? 산 하나가 와르르 통째로 무너져 내렸다. 완전히 길은 없어지고 도로는 절벽 그 자체가 되어 버렸다.

이제 남아 있던 우리는 이러지도 저러지도 못하는 신세가 되었다. 이미 먼저 건너간 김 선교사는 우리들을 향하여 뭐라고 외쳐대는 것 같았지만 강한 비바람 소리와 어수선한 주위 환경 등으로 도저히 알아들을 수 없었다. 나중에 들은 그의 말은 이랬다.

"권 선교사님, 우리가 다시 구하러 올 테니까 걱정하지 마세요!"

김 선교사는 바기오에 있는 선교사님들에게 위급한 상황을 알리고 구조를 요청했다. 그래서 그 당시 선교사협회의 회장이신 정재룡 선교사님과 김 선교사가 무너져 내린 현장을 찾았지만 내가 있던 건너편은 비구름 때문에 도저히 보이지 않았다. 또한 언제 산이 무너질지 모른다는 위험 때문에 결국 구조를 포기하고 말았다. 차를 가지고 와서 우리 부부를 태워 돌아가려 했던 계획이 수포로 돌아간 것이다.

버스에 다시 돌아온 우리 부부는 그 불편하고 답답한 곳에서 하룻밤을 지새워야 했다. 하루 종일 굶었던 터라 너무나 허기졌다. 밤이 되자 깨진 유리창 틈새로 비바람은 더욱 거세게 몰아쳤다. 우리 모습은 영락없이 물에 빠진 생쥐 꼴이었다. 그 절박한 상황 속에서도 이러한 모습이 참으로 가관이었다.

버스 안이라고 해도 더는 안심할 수 없었다. 그 도로는 어디 피할 수 있는 도로가 아니고 산 절벽을 깎아서 만든 도로였기에 버스는 갈 곳 없는 외길에 서 있는 셈이 되었고, 점점 강해지는 바람 때문에 산이 언제 다시 무너질지 모르는 위기감 속에 있었다. 또한 길이 꺼져 버리면 버스는 저 깊은 계곡 낭떠러지로 구를 수밖에 없는 처지가 되었다.

우리는 그날 밤을 추위와 굶주림, 그리고 공포 속에서 떨어야 했다. 얼마나 긴 시간이 흘렀을까, 날은 밝았지만 여전히 태풍은 우리를 집어 삼킬 듯이 굉음을 내며 더욱 거세게 몰아쳤다. 더 이상 선택의 여지가 없는 우리는 어쩔 수 없이 또 하루를 버스에서 지내게 되었다. 내 몸이 점점 차가워지기 시작했다. 그때 내 몸무게는 보통 여자보다 못한 48Kg이었고 지칠 대로 지친 상태였다. 저온현상으로 뒷골이 차가워지면서 손발에 마비가 오기 시작했다. 이제 꼭 죽을 것만 같았다. 몸은 더욱 차가워지고 의식은 점점 희미해져 갔다. 나는 아내에게 이렇게 말했다.

"여보, 이곳에서 하룻밤을 더 머뭇거리면 나는 죽을 것 같아. 오늘 이 버스를 꼭 탈출해야 돼. 그렇지 않으면……."

내 말을 들은 아내는 내 몸의 상태를 살펴보고 몇몇의 승객들과 함께 버스를 탈출하기 위해 출입문을 열었다. 태풍 속의 굵은 빗줄기는 마치 내 얼굴을 돌멩이로 치는 것같이 강한 충격을 주었다. 나는 몸을 엎드린 채 한 걸음씩 한 걸음씩 조심스럽게 움직여 나갔다. 마음 같아서는 그냥 땅바닥에 눕고 싶은 심정이었지만 어떻게 해서라도 살아 돌아가야 했다.

아내를 찾아 보았다. 아내는 몸을 바짝 엎드린 채 나보다 20미터 정도 앞서 가고 있었다. 그때 나는 아내를 보며 세상에 독한 것이 여자라고 생각했다. 나와 똑같이 못 먹고 추위에 떨면서 잠도 제대로 자지 못했는데 남자인 나보다 저렇게 앞서 가고 있으니 말이다.

그런 생각도 잠시, 앞서 가던 아내가 강한 태풍과 함께 마치 손수건처럼 날아가는 것이다. 나 또한 소리를 지르며 기다시피 하여 아내에게 다가갔다. 아내의 몸을 일으키려는 순간 나 또한 태풍에 그대로 굴러버렸다. 그런데 하나님의 은혜 속에 우리는 깊은 계곡에 떨어진 것이 아니라 다행히 구렁텅이에 빠지게 되었다. 잠시 후 정신을 차린 우리는 간신히 서로의 몸을 일으켜 기다시피 하면서 간절히 부르짖었다.

"하나님! 이게 과연 선교입니까? 누구를 위한 선교입니까? 우리가 왜 이렇게 죽어야 합니까? 나를 파송한 한국교회가 이 사실을 압니까? 나의 친구들, 나의 동기들이 이 사실을 압니까?"

나는 태풍 속에서 이렇게 처절하게 부르짖었다. 그리고 다시 외쳐댔다.

"그 누군가가 지켜보는 단 한 사람만 있었더라도 이렇게 억울해 하지는 않았을 겁니다. 아니, 슬픔도 없었을 것입니다. 그런데 아무도 없는 삭막한 산 계곡에서 태풍을 만나 추위와 굶주림 속에서 왜 이렇게 죽어 가야만 합니까?"

죽어가고 있는 내 자신을 향하여 이렇게 끝나서는 안 될 것 같은 생각에 주께 울부짖었던 것이다. 이렇게 울부짖고 있을 때 태풍 속에서 희미하게 들려오는 주님의 음성이 있었다.

"그래. 너를 파송한 한국교회는 모른다. 너의 친구들, 너의 동
기들은 모른다. 그러나 두려워하지 말라! 놀라지 말라! 내가 다
아노라!"

우리 부부는 '주님이 다 아신다' 는 응답하심에 다시 큰 힘과 용기
를 얻게 되었고, 없어진 도로를 피해 다른 산 계곡을 여섯 시간 사투
를 벌인 끝에 무사히 살아 돌아올 수 있었다.

때때로 우리는 섬기는 교회에서 모든 수고와 섬김을 마친 후에
누군가로부터 인정을 받고 싶고 칭찬을 받고 싶은 바람이 있다. 그러
나 그러한 바람이 채워지지 않았을 때 우리는 곧 원망과 불평으로 바
뀌는 경우가 많다. 때로는 여러분이 섬기시는 목사님께서 여러분의
봉사와 헌신을 모르실 때가 있다. 그러나 섭섭해 하거나 아쉬워해서
는 안 된다. 왜냐하면 혹 목사님께서는 바쁘셔서 여러분의 섬김과 헌
신을 모르실지라도 주님께서는 다 알고 계시기 때문이다. 우리는 사
람 앞에서 일하는 것이 아니라 하나님 앞에서 일하는 것이다.

여호와여 주께서 나를 살펴보셨으므로 나를 아시나이다 주께
서 내가 앉고 일어섬을 아시고 멀리서도 나의 생각을 밝히 아
시오며 나의 모든 길과 내가 눕는 것을 살펴보셨으므로 나의
모든 행위를 익히 아시오니 여호와여 내 혀의 말을 알지 못하
시는 것이 하나도 없으시니이다(시편 139:1-4)

사선을 뚫고 넘어왔을 때, 김 선교사는 우리를 기쁨으로 맞아 주
었고, 바기오 선교사들의 많은 격려와 위로가 있었다.

태산을 넘어 험곡에 가도 빛 가운데로 걸어가면
주께서 항상 지키시기로 약속한 말씀 변치 않네
하늘의 영광 하늘의 영광 나의 맘속에 차고도 넘쳐
할렐루야를 힘차게 불러 영원히 주를 찬양하리(찬송 502장)

나의 첫사랑 비키칸
그리고 첫 번째 제자
마이클 부사길 (Michael Busakil)

chapter 13

내가 비키칸 부족 마을에 머무르는 오랜 시간 동안 원주민들과의 만남은 결코 쉽지 않았다. 그들은 타 종족에 대한 배타적인 사고 때문에 늘 부족 간에 전쟁을 해 왔기 때문이다. 그곳에 머물며 생활한다는 것은 그들의 경계의 대상이 된다는 말이었고, 그들 또한 쉽게 마음의 문을 열어 주지 않았다.

또 각 부족 안에는 공산게릴라(N.P.A) 요원들이 있기 때문에 외국인인 나로서는 항상 조심해야 했고 긴장의 끈을 풀 수 없었다. 공산게릴라들은 부족을 방문해서 친인척들을 만나고 양식을 조달해 간다. 그들이 올 때마다 나는 숨을 죽이며 그들의 동태를 살피게 되었다. 앞으로 어떤 일들이 일어날지 전혀 모르는 상황이라 두려움으로 밤을 지새운 적도 있다.

나는 원주민들이 먼저 내게 다가와 마음 문을 열어 주기를 마냥 기다릴 수가 없었다. 먼저 그들과 친해져야겠다는 결심과 함께 마음의 준비를 단단히 하고는, 첫 번째 시도로 청소년들과 가깝게 할 필요성을 느끼며 맨투맨 성경공부를 시작했다. 필리핀 산지 부족은 부족마다 언어가 다르기 때문에 어른을 상대로 복음을 전한다는 것은 결코 쉽지 않았다.

청소년들도 거의 상황은 비슷했다. 나 또한 처음부터 언어를 준비하고 이곳에 온 것이 아니었기에 어려웠지만 오히려 서투른 언어 실력 때문에 원주민 청소년들과 더 가까워질 수 있는 계기가 되었다. 외국인이라는 호기심으로 청소년들이 점점 모여들기 시작했고 그들과 함께한 성경공부와 기도모임을 중심으로 선교의 영역을 넓혀 나갔다.

그러던 어느 날 청소년들과 함께 공부하는데 인상이 험악한 청년이 곡식을 썩혀 만든 술을 잔뜩 마시고는 집회 장소에 나타나 나를 노려보며 험한 인상을 짓는 것이다. 그 인상이 얼마나 험한지 마음이 섬뜩했다. 그 청년 이름이 '마이클 부사길' 이다.

얼굴 한 쪽에는 칼자국이 나 있었고, 눈 한 쪽도 심한 칼자국으로 볼 수 없게 되었다.(훗날 내 둘째 아이가 용돈을 모아 그에게 한 쪽 눈과 안경을 선물해 주었다.)

▶ 첫 번째 제자인 '마이클 부사길'과 함께 지프니 지붕 위에 몸을 실고 복음을 전하기 위해 이동하고 있는 권 선교사

나중에 안 일이지만 온몸에 손가락 굵기 만한 칼자국이 11군데나 송충이처럼 나 있었다. 그는 사람을 죽이고 물건을 빼앗는 강도였다. 그는 우리의 성경공부를 방해하기 시작했고 나에게 종종 위협을 가하기도 했다.

그는 항상 '볼로'(Bolo, 필리핀의 칼로서 정글에서 사용하기도 하고 부족 전쟁 때나 맹수를 잡을 때도 사용한다. 날은 좀 무디어도 칼 무게가 있어 사람의 목을 치거나 짐승의 목을 치면 단칼에 잘려나

간다)를 옆에 차고 나를 위협하는 것이다.

백 년 전 한국 땅을 밟은 미국 선교사 '마포삼열'은 평양의 건달 이기풍이 던진 돌에 턱을 맞아 피를 흘렸지만 이를 교인으로 삼고, 한국인 최초 7인 목사 중에 한 사람이 되도록 기도하며 양육했다. 또한 1907년에는 당시 언어가 다르고 풍속이 다른 제주도에 선교사로 파송되어 주의 복음을 전하다가 순교하게 된다. 마이클은 성경의 사울처럼 나를 위협했고(행 9:1) 건달 이기풍처럼 위협적인 존재로 내게 다가왔다.

마이클이 술을 마시고 내게 다가올 때는 머리카락이 쭈뼛쭈뼛 서는 것 같은 느낌을 받았다. 그때마다 나는 그의 허리에 차고 있는 칼이 늘 신경이 쓰였다. 행여나 죽임을 당해도 법적인 보장도 없을 것이고 나 하나 죽는 것은 그에게 강아지 한 마리 목 쳐 죽인 정도로밖에 생각하지 않을 것이 뻔하기 때문이다. 나는 선교사로서 그에게 웃음 짓는 것이 아니라 두려움 때문에 거짓 웃음을 만들어 내곤 했다.

나도 인간이라 죽음이 그렇게 두려웠나 보다. 하기야 복음을 위하여 순교를 당한다면 백 번이고 천 번이고 죽어 마땅하지만 선교사로 파송된 지 얼마 되지 않아 치외법권 지역에서 강도의 칼에 죽는다는 것은 좀 고려해 봐야 되지 않겠는가.

▶ 비키칸 부족에서 복음을 전하고 있는 권 선교사를 돕고 있는
'마이클 부사길'

▶ 룸루바 부족에서 복음을 전하고 있는 권 선교사

부족 원주민들도 마이클에 대한 감정이 좋지 않았고 그를 슬슬 피하고 있었다. 그는 끊임없이 무슨 커다란 자석에 쇠붙이가 딸려 오듯이 교회를 나오고 있었다. 나는 계속해서 어색한 웃음을 그에게 보냈다. 이때 일을 생각할 때면 사람들이 나를 향하여 웃을 때에도 진정한 웃음이 있고 거짓된 웃음이 있을 수 있다는 것을 알고 살피게 되기도 한다.

어찌 보면 마이클은 외로운 사람이었다. 동네에서 환영받지 못했기에 교회로 왔던 것이며 일곱 살 때 하나님이 나를 부르셨듯이 그에게 있어서는 이때에 하나님의 사람과 주의 종으로 부르신 것이었다. 그분이 부르시지 않았다면 이 지구상의 어떤 사람도 하나님 앞에 나올 자가 없다. 나를 부르신 분이 나의 첫 제자가 될 마이클을 부르신 것이다(엡 1:4). 내가 비키칸 부족에 오는 것은 만세 전에 계획이 되어 있었고, 그를 만나야 했고, 그에게 목사 안수를 주어야 했던 것이다.

하나님의 뜻을 따라 그리스도 예수의 사도로 부르심을 입은
바울과 및 형제 소스데네는(고전 1:1)

어느 날이었다. 마이클이 열병에 시달리기 시작했다. 이 병은 말라리아로 열병을 극복하면 살고 그렇지 못하면 죽게 되는 무서운 병이다. 나는 가지고 있던 상비약을 그에게 주었다. 상비약이라야 사실은 그저 일반 진통제에 불과했다. 나는 그가 열병으로 사경을 헤맬 때 이제는 두려움이 아니라 진정한 마음으로 그에게 다가가서 기도해 주었다. 비상용으로 가지고 있던 진통제를 먹였더니 신기하게도 효험이 나타났다. 열이 떨어지면서 몸이 회복되더니 나를 알아보는 것이다. 그때부터 마이클은 나를 따르게 되었다. 열병에서 일어나게 된 마이클이 내 앞에 무릎 꿇고 이렇게 말했다.

"선교사님, 저는 많은 죄를 지었습니다. 저 같은 사람도 용서 받을 수 있습니까? 선교사님이 나를 용서해 주시면 내 마음이 편해질 것 같습니다. 선교사님이 내 죄를 용서해 주시면 내 죄가 깨끗해질 것 같습니다."

이렇게 눈물을 흘리며 나에게 용서를 빌었다. 이것은 나의 승리가 아니요 하나님의 승리이고 한 죄인이 드디어 죽음에서 해방을 받아 하나님께 돌아온 순간이었다.

예수께서 들으시고 그들에게 이르시되 건강한 자에게는 의사가 쓸 데 없고 병든 자에게라야 쓸 데 있느니라 나는 의인을 부르러 온 것이 아니요 죄인을 부르러 왔노라 하시니라(막 2:17)

내가 의인을 부르러 온 것이 아니요 죄인을 불러 회개시키러 왔노라(눅 5:32)

내가 너희에게 이르노니 이와 같이 죄인 한 사람이 회개하면 하늘에서는 회개할 것 없는 의인 아흔아홉으로 말미암아 기뻐 하는 것보다 더하리라(눅 15:7)

내가 비키칸 부족에서 선교를 시작했을 때다. 이웃 부족인 사카 사칸 부족이 성경공부를 하고 싶다는 요청이 들어왔고 띵나얏 부족 (비키칸에서 5시간 거리)에서도 똑같은 요청이 들어왔다. 산지에서 혼자 먼 길을 여행한다는 것은 강도와 공산게릴라들의 활동이 많기 때문에 죽음을 각오한 길임을 의미한다.

마이클이 이렇게 말했다.

"선교사님, 선교사님이 가시는 곳이라면 어디든지 가겠습니다."

하나님께서는 나에게 붙여 줄 제자를 선택하셨던 것이다. 그는

▶ 산지족 원주민 가정을 방문하며 복음을 전하고 있는 권 선교사.

이제 이전의 강도 마이클 부사길이 아니었다. 동네 원주민들조차 감히 간섭할 생각을 못했던 자였지만 하나님께서 그를 변화시켜서 '주의 종'으로 만든 것이다. 사람이 볼 때는 구제불능의 인간이었고, 다시는 회복 못할 짐승처럼 여겨진 자였지만 전지전능하신 그분께서 만지시니 변화되지 않을 자가 어디 있겠는가. 인간의 불가능은 하나님 앞에서는 언제나 가능한 것임을 확실히 깨닫게 하셨다.

내 스스로 혼자 선교의 열정이 불타오른다 해도, 이곳 필리핀 북부 산지에서의 나 홀로 전도는 불가능한 것이다. 하나님께서 '죽음의 고통'에서 마이클을 구원해 주시고 '나의 제자'까지 삼아 주시니 하나님의 은혜가 얼마나 큰지 모르겠다.

열두 제자를 부르사 둘씩둘씩 보내시며 더러운 귀신을 제어하는 권능을 주시고(막 6:7)

주님께서 열두 제자들을 부르신 후에 한 명씩 전도를 내보내지 아니하시고 둘씩 짝을 지어 보내셨다. 제자들은 스스로 선택해 주의 종이 된 것이 아니다. 주님이 부르셨고, 또한 두 명씩 짝지어 전도 나간 것도 그들의 선택이 아니고 주님의 선택이었다. 나와 마이클은 하나님의 계획 아래 '주의 종'이 되었고 그분의 '둘씩 짝지어 주심'으로 인하여 험난한 선교지의 부족 마을들을 같이 여행할 수 있게 되었던 것이다.

나의 선교지들의 험난한 산골짜기들과 계곡들, 그리고 강가들, 그외에 위험한 곳곳에 선교 파트너였던 마이클에 대한 기억이 남아 있고 이런 기억들이 되살아 날 때마다 눈물이 앞선다. 내가 비키칸 부족에 선교하러 가지 않았다면 그의 영혼은 어떻게 되었을까?

이제 교회가 많아져서 각 부족들마다 교회 지도자를 세워야 하는데 도시에서 신학 훈련을 마친 목회자들은 '산지'로 가지 않는다. 그 이유로 첫째는 생명의 위험 때문이다(타 부족은 위험함). 둘째는 먹을 것이 없어서이다. 셋째는 자녀 교육이 문제가 된다. 이러한 이유들로 필리핀 목회자들이나 선교사들이 산지를 외면하고 있다. 그도 그럴 것이 수세식 화장실에 익숙해 있는 그들이 화장실도 없고 일을 마친 후 손으로 해결해야 하는 곳인데 쉽게 오지를 선택할 수 있겠는가. 이해가 간다. 그래서 내 능력 밖의 일이었지만 산지에서 조그마한 성경학교를 열게 된 것이다. 이것이 후에는 '새생명말씀 신학교(Zoe Logos Temple Ministry)'가 되었다.

난 필리핀에 신학교를 세우려는 어떤 목적을 가지고 선교를 시작한 것이 아니다. 그저 필리핀으로 가라 하여 도착했을 뿐이고, 그분이 나의 의지와 상관없이 '자신의 일'을 하시는 데 나를 사용하신 것뿐이다.

사람이 마음으로 자기의 길을 계획할지라도 그의 걸음을 인도하는 이는 여호와시니라(잠 16:9)

산지족 교회들의 지도자가 절실히 필요함을 깨달은 나는 본톡어 성경학교를 세운 후 나의 첫 번째 제자 마이클을 입학시켰다. 마이클의 성격은 급하고 적극적인 면이 있었으며 내가 지시하고 가르친 것은 그대로 따르고 배우는 자였다.

짧다면 짧고 길다면 긴 3년의 세월을 잘 참고 학업에 임한 결과 드디어 성경학교를 졸업하게 되었다. 이제 고향 비키칸으로 돌아가게 된 것이다. 이제는 강도가 아니라 예수 그리스도로 말미암아 새로운 사람이 되었다. 마이클은 주님의 은혜가 얼마나 큰지 크게 감격하는 것 같았다. 그도 그럴 것이 지난날 자신의 신분과 비교해 보면 지금의 신분은 엄청나게 달라진 것이다.

그런즉 누구든지 그리스도 안에 있으면 새로운 피조물이라 이
전 것은 지나갔으니 보라 새 것이 되었도다(고후 5:17)

마이클은 새사람이 되었을 뿐만 아니라 주의 말씀을 증거하는 '전도샤' 가 되었으니 얼마나 기쁘리요! 마이클은 고린도후서 5장 17절 바울의 말씀을 '마음에 새기고 또 새겨' 그리스도의 종으로 살기 위해 비키칸 부족을 향하여 가는 것이다.

자기 고향 비키칸 부족의 전도사로 임명을 받은 마이클은 설교할 때 한국의 어느 목사님이 설교하는 것과 비슷했고 큰 목소리로 "Jesus! Jesus! Jesus!" 우리 말의 "주여! 주여! 주여!"처럼 이렇게 세 번씩 외치며 통성기도를 시작했다. 물론 내가 한국식으로 훈련시킨 것이지만 말이다.

처음에는 원주민들이나 또 모든 이들이 이를 어색하게 생각했으나 나와 마이클 전도사가 그렇게 지도하고 가르쳤기에 내가 세운 60개 교회 모두가 통성기도하고 새벽기도를 한다. 즉, 한국 교회를 모델 삼아 이렇게 한 것이다.

비키칸 부족에 파송을 받은 마이클은 그의 과거사로 인해 처음에는 어려움을 당했다. 강도였던 그가 동네에 들어와서 전도사라고 하니 부족 사람들이 쉽게 인정하겠는가! 그러나 이제 새사람이 된 예수님의 제자 마이클은 주님의 겸손함을 본받아 낮아진 모습으로 교인들 앞에 나아갔고 그런 그의 모습을 바라보던 부족들은 마음의 문을 서서히 열었다.

주께서 내 곁에 서서 나에게 힘을 주심은 나로 말미암아 선포된 말씀이 온전히 전파되어 이방인이 듣게 하려 하심이니 내

가 사자의 입에서 건짐을 받았느니라(딤후 4:17)

누가 원주민들의 마음을 열고 있는가? 그분은 다름 아닌 주님이
셨다. 많은 분들이 착각하는 한 가지 사실이 있는데 내가 설교를 잘
해서, 혹은 언변이 좋아서, 또는 매너가 좋아서 듣는 교인들이 감화
와 은혜를 받았다고 생각한다. 그것은 천만의 말씀이다. 성경에서 바
울은 초대교회 최초로 이방인의 선교사였고 그의 설교 또한 우리의
모델이 된다. 하지만 그는 단지 설교를 했을 뿐이다.

> 두아디라 시에 있는 자색 옷감 장사로서 하나님을 섬기는 루
> 디아라 하는 한 여자가 말을 듣고 있을 때 주께서 그 마음을 열
> 어 바울의 말을 따르게 하신지라(행 16:14)

마이클 속에 계신 성령께서 원주민들의 마음을 봄날에 눈 녹듯이
만들어 가셨다. 시간이 흐르면서 비키칸 부족에 교회를 건축하게 되
었다. 이곳이 나의 최초의 선교지 교회이다. 즉, 비키칸은 나의 첫 사
랑의 장소이며, 선교사로서 소명을 받은 곳이고, 나의 첫 제자 마이
클 부사길을 만난 곳이다. 언제나 내 마음의 고향이다. 이제 이곳에

하나님의 성전이 세워지게 된 것이다.

원주민 성도들은 깊은 산중에 들어가 통나무를 베어다가 흥부와
놀부가 박을 켜는 식으로 널빤지를 만들어 바닥을 만들었고 아이들
은 깊은 강가에 가서 자기 밥그릇으로 모래와 자갈을 담아 날랐다.
우리 성도들은 사당가 부족으로 내려와 내가 도시에서 준비해 간 시
멘트, 철근, 함석을 지고 꼬불꼬불하고 가파른 논둑길을 지나 비키칸
부족 마을을 향했다. 그 줄지어 가는 모습은 참으로 아름다운 장관이

아닐 수 없었다. 우리는 최초의 성전 건축을 비키칸 부족 마을에 세워 하나님께 영광을 돌렸다. 나는 지금도 원주민 성도들이 교회 건축 자재를 힘들게 지고 비키칸으로 향하는 모습을 생각할 때마다 가슴이 뜨거워지고 사명이 불타오른다.

내가 비키칸에 복음을 증거할 때만 하더라도 예수님이 누구신지, 성경이 무엇인지 모르던 그들이 이제는 하나님의 성전을 지으려고 몇 시간 거리를 저렇게 짊어지고 산골짝 골짝을 돌아서 가파른 언덕을 향하여 가고 있다. 갈보리산 언덕을 향하여 힘에 겨운 상태로 걸으시던 예수님을 생각하며 원주민 성도들이 걸었을 것이라 생각하니 나의 두 눈에는 뜨거운 감격의 눈물이 흘렀다. 이것이 바로 전도자의 기쁨이 아니겠는가! 이 기쁨은 세상이 주는 기쁨과 절대 비교할 수 없는 하늘로부터 내려온 참 기쁨인 것이다.

눈물을 흘리며 씨를 뿌리는 자는 기쁨으로 거두리로다 울며 씨를 뿌리러 나가는 자는 반드시 기쁨으로 그 곡식 단을 가지고 돌아오리로다(시 126:5-6)

마이클 전도사와 나는 온 산지를 헤매며 부족들을 찾아 나섰고 선교의 영역을 넓혀 나갔다. 때로는 길을 가다가 한쪽 길가에 불을 피워 고구마를 구워 먹으며 허기진 배를 채우려고 애썼던 적도 있다.

> 그때에 예수께서 안식일에 밀밭 사이로 가실 새 제자들이 시
> 장하여 이삭을 잘라 먹으니(마 12:1)

또한 잠자리가 없어 땅바닥에 침낭을 깔고 밤하늘에 무수히 떠 있는 별을 세면서 잠을 이룬 적도 있었다. 어느 날 밤길에 부스칼란 부족을 향하여 가는데 비가 쏟아지는 것이었다. 도저히 칠흑 같은 이 밤에 발을 옮길 수가 없었다. 오른쪽은 깊은 수직 낭떠러지였고 왼쪽 위에는 높은 절벽이 버티고 있었다. 바닥이 좁고 미끄러워서 더듬거리기를 한참, 나는 마이클에게 이렇게 말했다.

"마이클 이대로 도저히 안 되겠어. 넓은 공간을 찾아봐."

더 이상의 전진은 추락사할 위험이 있기에 비를 맞고 여기에 머물기로 작정했다. 몸은 추워오고, 젖은 침낭은 무거워져만 가고, 이렇게 시간이 더 지체되다가는 죽을지도 모른다는 공포감이 몰려왔다. 잠시 후 쏟아지는 비는 그쳤지만 칠흑같이 어두운 밤 절벽길을 걸어갈 엄두를 못내고 추위에 부들부들 떨고 있을 때 그때 저 멀리서

불빛이 보였다. '아니, 저 불빛은 무엇이란 말인가? 불빛이 이 산중에 있을 수 없는데.' 그 구원의 불빛은 점점 다가왔다. 동네 원주민들의 불빛이었다. 선교사가 온다는 소식에 원주민들이 횃불을 들고 우리를 찾아 나섰던 것이다.

실상은 이랬다. 우리 일행 중 사카사칸 부족의 전도사인 스티브 앵앵아(Steve Eng-Enga)가 동네 부족으로 앞서 달려갔다. 이 전도사가 앞서 가다가 낭떠러지에 떨어졌는데 마침 다행히 나뭇가지에 걸려 살아난 후 동네에 가서 나의 일행이 산속에 있다고 전하여 원주민들이 구원병으로 오게 된 것이다. 우리는 이처럼 어렵고 힘든 상황이 닥쳐와도 주님의 사랑과 말씀에 목말라 있는 산지족 원주민들을 향하여 복음의 횃불을 들고 전진 또 전진했던 것이다.

그러던 어느 날 마이클 전도사가 기침과 함께 코에서 누런 콧물이 흐르기 시작했다. 코가 막힌 목소리를 하기에 그가 감기에 걸린 줄 알고 감기약을 계속 주었다. 그러나 계속되는 기침과 콧물은 심각해졌다. 그를 바기오로 데리고 와서 세인트 루이스(Saint Louis) 대학 병원에서 진찰을 한 결과 후두암과 코암이라는 진단이 내려졌다. 그래서 목소리가 쇳소리가 났고, 코에 누런 농이 흘렀던 것이다. 내가 비록 잘사는 나라에서 온 선교사였지만 선교 후원비가 적은 나로

▶ 원주민 할머니에게 복음을 전하고 있는 권 선교사. "할머니 이제부터 하늘의 소망을 가지고 사세요."

서는 그를 수술시키고, 항암제 주사를 맞힌다는 것이 현실적으로 매우 어려웠다.

그때 마이클은 모든 것을 내려놓고 엎드려 기도하기 시작했다. 우리 또한 중보의 기도를 했다. 그는 목에 자리한 암덩어리 때문에 음식 먹기가 힘들었다. 마이클은 아예 기도하다 죽겠다는 심정으로 금식 기도를 시작했다. 길을 걸을 때에도, 침상에 누워 있을 때에도 주님께 부르짖고 또 부르짖었다.

금식 16일째 되었을 때 목에서 코에서 피고름이 쉴새 없이 쏟아져 내렸다. 우리는 깜짝 놀라 14시간을 걸려 바기오 S.L.U 병원에 입원하게 되었다. 입원과 동시에 담당 의사의 진찰이 시작되었다. 시간이 어느 정도 흐른 후 의사가 나를 부른다.

"선교사님, 무슨 일이 일어난 것입니까?"

"네? 왜요?"

"선교사님, 이 사진을 보세요. 저것은 전에 찍은 엑스레이 사진이고, 이것은 이번에 찍은 엑스레이 사진입니다. 그런데 암들이 감쪽같이 사라졌어요."

아, 이럴 수도 있다는 말인가, 돈이 없어 수술도 시켜 주지 못하고 오직 중보의 기도만 했을 뿐이며 마이클 역시 생명을 건 기도만을 하나님께 했을 뿐인데!

> 너는 가서 히스기야에게 이르기를 네 조상 다윗의 하나님 여호와께서 이같이 말씀 하시기를 내가 네 기도를 들었고 네 눈물을 보았노라 내가 네 수한에 십오 년을 더하고(사 38:5)

하나님의 이 놀라운 치유의 역사로 말미암아 산지족 선교는 불붙은 나무처럼 활활 타오르며 온 산지로 퍼져 나갔다. 우매한 그들이 하나님을 발견하는 계기가 되었고 교회 안에는 산지족 원주민들이 어떤 기적을 체험하려는 듯이 몰려들게 되었다.

훗날 그는 나와 함께 한국에 방문하여 각 교회에 간증설교하며 많은 성도들과 하나님의 은혜를 함께 나누게 되었다. 그러나 이 방문을 계기로 마이클의 마음에 문명에 대한 동경이 그의 한쪽 가슴에 자리를 잡게 되는 계기가 되었다. 그래서 어느 날 나를 찾아와 이렇게 말하는 것이었다.

"권 선교사님, 비키칸 부족을 떠나겠습니다. 도시에 가서 목회하고 싶습니다."

"아니다. 너는 비키칸 부족에서 목회 해라."

"아닙니다. 도시에서 목회를 하고 싶습니다. 허락해 주시기 바랍니다, 선교사님."

내가 아무리 설득해도 이미 확실히 정해진 그의 마음을 바꾸기에는 역부족이었다. 그 후에는 산지족 교회를 자주 비우는 것이었다. 그때 바기오의 케숀힐(Quezon Hill)이라는 곳에 깊은 산지에서 상경한 도시 사람들과 어울리지 못하고 모여 사는 산지족 사람들을 위한 교회가 세워져 있었는데 마이클을 그곳으로 불러 목회를 시켰다. 그리하여 그는 도시 목회를 시작했고, 5년이 흐르는 동안 목사 안수도 받게 되었다.

그런데 마이클 목사의 몸은 점점 야위어 가고 목이 부어오르며 기침과 콧물이 다시 흐르기 시작했다. 병원에서 진찰한 결과 암이 저 발한 것이다. 목회를 계속 더 할 수 없는 형편이어서 사모의 고향인 띵나얀 부족으로 사모와 함께 떠났다. 사모는 산지족 성경학교 졸업생 '크리스티나'였다. 자녀를 낳아 '요한'이라 불렀지만 뇌성마비로 몸을 제대로 가누지 못하는 아이였다.

어느 날 띵나얀 부족의 클레멘테 팍탄(Clemente Pagtan) 전도사로부터 급한 연락이 왔다. 마이클의 생명이 위험하다는 것이다. 그래서 나는 급히 바기오에서 새벽(토요일)에 버스를 타고 띵나얀 부족 마을로 김 선교사와 함께 향했다. 마이클 목사를 만났을 때 그의 몸은 말할 수 없이 야위어 있었고 나를 보며 애절하게 부르짖는 것이었다.

"권 목사님! 자살이 죄가 아니라면 자살하고 싶습니다. 너무나 고통스럽습니다."

나는 마이클을 붙잡고 한없이 울면서 이렇게 말했다.

"네가 한국에서 목회하는 목사였다면 이처럼 고통스러운 너를 가

▶ 원주민 가정을 방문하며 하늘의 복된 소식을 전하고 있는 권 선교사. "하나님은 자매님을 사랑하십니다."

만 두었겠느냐? 진통제 하나라도 놓아 주었을 텐데……."

그 다음날 띵나얀 부족교회에서 부활신앙에 대한 설교를 마치고 차를 대절하여 바기오로 이동해 파인스(Pines) 병원에 입원시킨 후 고통스러워하는 그에게 진통제를 놓아 주었다. 난 그에게 이렇게 말했다.

"너는 앞으로 죽을 것이다. 그리고 하나님 나라에 갈 것이다. 그러나 너는 이 한 가지를 잊지 마라. 목사로서 부끄럽지 않게 최후를 맞아라.”

그리고 마이클에게 농담으로 이런 이야기를 했다.

“네가 죽어서 천국에 계신 주님을 만나게 되면 이렇게 말해다오. 권 선교사가 얼마나 어렵게 사역하고 있는지 아시지 않습니까? 후원비 좀 팍팍 밀어 주십시오.”

이 말을 들은 마이클은 그 고통 중에서도 웃음을 지으며 내 말의 의미를 아는 듯 했다.

임종의 순간이 왔다. 날 때가 있으면 죽을 때가 있는 법, 십자가상의 예수님과 같이 매달렸던 두 강도 중에 한 강도는 일생을 강도로 살다가 강도로서 최후를 맞이하여 지옥으로 갔다. 반면 다른 한 강도는 비록 강도의 출신이지만 예수님을 만나 천국에 입성하게 된다. 비록 마이클의 신분이 강도였지만 예수님을 만나고 나를 만난 것은 그의 인생에 있어서 최고의 행복일 것이다.

달린 행악자 중 하나는 비방하여 이르되 네가 그리스도가 아니냐 너와 우리를 구원하라 하되 하나는 그 사람을 꾸짖어 이르되 네가 동일한 정죄를 받고서도 하나님을 두려워하지 아니하느냐 우리는 우리가 행한 일에 상당한 보응을 받는 것이니

이에 당연하거니와 이 사람의 행한 것은 옳지 않은 것이 없느
니라 하고 이르되 예수여 당신의 나라에 임하실 때에 나를 기
억하소서 하니 예수께서 이르시되 내가 진실로 네게 이르노니
오늘 네가 나와 함께 낙원에 있으리라 하시니라(눅 23:39-43)

마이클은 처음 사역지인 비키칸 성도들과 청소년들을 부른 후 유
언했다.

"너희들 생활이 아무리 어렵더라도 변하지 말아라. 믿음을 팔아
먹지 말아라!"

그 말을 남기고 젊은 사모와 뇌성마비 아들 요한이를 남겨 둔 채
로 35살의 젊은 나이에 하나님의 부르심을 받았다. 내가 하나님의
깊으신 뜻과 그 섭리를 어찌 알 수 있겠냐만, 내 첫 선교지의 첫 제자
이며 그와 함께 배낭을 짊어지고 이 골짝 저 골짝 죽음의 계곡들을
넘어 전도하러 다니던 그때 일을 생각하면 가슴이 메어진다. 마이클
과 함께 했던 이때가 내 생애의 가장 아름다운 추억으로 남아 있으며
항상 그가 보고 싶다. 훗날 천국에서 만날 것을 생각하면서 지금도
나는 또 다른 산지족을 향하여 끊임없이 걷고 있다.

죽음의 문턱에서

어느 날 나는 심한 고열로 말할 수 없는 고통을 당했다. 열이 오르내리면서 나는 정신까지 혼미해지기 시작했다. 계속된 사역으로 몸이 지칠 대로 지친 상황에서 열병은 나를 삼킬 듯이 덤벼들었고 나의 육신은 감당해 나갈 수 없어 한없이 꺼져만 갔다.

한국에서 보내온 해열제를 복용해 보았지만 소용이 없었다. 입이 바짝바짝 마르고 호흡은 가파지기 시작했다. 고열로 나의 머리가 폭발해 버릴 것만 같은 두려움이 엄습해 오면서 나는 잠깐 정신을 잃었다. 그리고 입었던 옷을 훌훌 벗어 던지고 알몸으로 밖으로 뛰쳐나갔다. 이 모습에 놀란 사모는 주변의 몇몇 선교사님들의 도움으로 급히 병원으로 나를 이송하였다.

S.L.U 대학 병원 응급실에 도착한 나는 제정신이 아니었다. 응급

실 침대 위에 누워 진찰을 받아야 하는데 침대 위에 누울 수가 없었다. 왜냐하면 몸이 쇠약해질 대로 쇠약해진 나는 누우면 호흡이 끊어질 것 같았다. 호흡이 점점 힘을 잃어 가고 맥박은 희미해져 갔다. 숨을 쉴 수가 없고 목구멍이 닫혀져 가는 느낌 속에 나는 계속해서 물을 마셨다. 그리고 스스로 주먹으로 가슴에 충격을 가했다.

손끝, 발끝에서부터 뻣뻣해지는 느낌 속에 생명이 점점 꺼져 가는 것 같았다. 그리고 소멸되어 가던 육신의 기운은 어느덧 입가에 모여 최후의 배수진을 친 것이었다. 내 의지로는 더 이상 어떤 기운을 되살릴 수 없을 것 같았다. 그러는 가운데 내 귀에 이상한 소리가 들려왔다. 그것은 "오늘 내가 너를 죽이기로 작정했다."는 정체 모를 소리였다. 아니 그것은 사탄의 속삭임이었다.

이 소리에 나는 더욱더 두려움에 휩싸이며 아내의 손을 붙잡고 힘없는 소리로 속삭였다.

"여보, 나 어떻게 하지? 나 오늘 죽을 것 같아. 더 이상 나의 힘과 의지로는 꺼져가는 숨을 돌이킬 수 없어. 이젠 더 이상 어쩔 수 없어. 이대로 끝나는가봐."

글로 표현 할 수 없는 고통이 나를 엄습했다. 고통스러워하는 나를 바라보던 아내는 할 말을 잃은 채 그냥 안타까운 모습으로 지켜보고만 있을 뿐이었다. 그런데 나에게 더 큰 고통으로 다가온 것은 죽음이 문제가 아니라 구원에 대한 확신이 없는 것이었다. 이것은 고통이 아니라 엄청난 두려움이었다. 이제까지 선교사로서 주님의 명령에 순종하여 산악 오지에서 목숨을 걸고 사역을 감당해 왔는데… 그 많은 교회를 개척하고 성전을 건축했으며 신학교를 세워 신학생을 배출하여 산지 부족의 복음화를 위하여 이제까지 헌신해 왔는데… 그 누구보다 더 선교사역에 열심을 내었고 주의 일이라면 생명을 아까워하지 아니하고 앞장서 일해 왔는데… 이 결정적인 순간에 나는 구원의 확신을 가지지 못했고 이 두려움에 떨어야했다.

그동안 나는 많은 사역을 감당했고 또한 엄청난 일들을 이루어냈지만 그것이 결코 구원의 역사와는 아무런 상관이 없었고 구원을 얻고 확신하는 일에 아무런 도움이 되지 못했다. 이 절박한 순간에 나는 주 앞에 몸을 엎드릴 수는 없었지만 영혼의 깊은 곳에서 처절한 울부짖음의 기도가 터져 나왔다.

"주님! 나 어떻게 해요. 나 구원의 확신이 없어요. 이 모습 이대로 주님을 뵐 수 없어요. 주님! 도와주세요. 주님! 나를 불쌍히 여겨주세요."

나는 정신없이 마지막 남은 온 힘을 기울여 주님의 은혜와 사랑
을 구했다. 이것은 절박하고 양보할 수 없는 처절한 울부짖음이었다.

바로 그때! 희미하면서도 힘 있는 한 소리가 내 귓전을 두들겼다.
그것은 성령의 음성이었다.

누구든지 주의 이름을 부르는 자는 구원을 받으리라(행 2:21)

분명하고 뚜렷한 성령님의 음성이었다. 그 순간 나는 깨달았다.
나는 이 절박한 순간에 아내의 이름을 부르는 것이 아니었고 자식들
을 찾는 것이 아니라 주님의 이름을 부르며 주님의 도움을 간절하게
구하고 있는 자신을 발견하고 이렇게 외쳤다.

"그래 내가 지금 주님의 이름을 부르고 있잖아. 누구든지 주의
이름을 부르는 자는 구원을 받으리라. 할렐루야! 주님! 감사합
니다. 나를 구원해 주시니 감사합니다. 내 영혼을 받으시옵소
서. 할렐루야! 주님 감사합니다."

나는 정신없이 외쳐대기 시작했다. 짧은 순간이었지만 나는 구원

의 확신으로 가득 차기 시작했다. 그리고 구원의 기쁨으로 충만하게 되었다. 내 영혼 깊은 곳에 구원의 감사와 희열로 넘치게 되었다. 할 렐루야를 외쳐대며 감사하는 동안 입가에 최후의 배수진을 치고 있던 죽음의 그림자가 서서히 물러가기 시작했다. 마치 고운 천 위에 잉크 방울이 떨어지고 퍼져 나가듯이 어둠의 그림자는 물러가고 다시금 새 힘이 솟아오르는 것을 경험할 수 있었다. 나는 이번 경험을 통해서 사람이 죽음을 맞이할 때 인간의 최후의 마지막 힘이 입으로 모아진다는 것을 알 수 있었다.

나는 그동안 수없이 '누구든지 주의 이름을 부르는 자는 구원을 받으리라' 는 말씀을 가지고 설교를 했고 가르쳤었다. 그런데 이 결정적인 순간에 그 말씀이 기억나지 않았는데 성령께서 나를 그 말씀 가운데로 인도하신 것이었다. 참으로 신비하고 놀라운 일이 아닐 수 없다.

> 그러나 진리의 성령이 오시면 그가 너희를 모든 진리 가운데
> 로 인도하시리니 그가 스스로 말하지 않고 오직 들은 것을 말
> 하며 장래 일을 너희에게 알리시리라(요 16:13)

처음부터 이상한 환자라 생각했던 S.L.U 대학 병원의 응급실 담당 의사들이 나를 병원으로 인도했던 정 선교사에게 이 환자는 무엇을 하는 사람이었냐고 물었다. 정 선교사가 이분은 선교사라고 이야기했을 때 이들이 고개를 끄덕이며 서로 말하기를 "그래서 이 환자가 할렐루야를 외쳐댔구만." 하는 것이었다.

나는 두려움이 사라진 후 마음의 안정을 찾고 응급실 침대에 누워 심전도 검사, 피 검사 등 여러 검사를 마친 후 입원했다. 나는 한 달 가까이 병원에 입원하게 되었는데 얼마나 몸이 쇠약해졌는지 화장실을 가기 위해 입원실 침대 위에서 내려와 발을 딛는 순간 발목과 온몸에 힘이 없어 그만 땅바닥에 쓰러지고 말았다. 아내의 부축을 받아 겨우 일어섰지만 걸을 수는 없었다.

한동안 나는 침상 위에서 모든 것을 해결했다. 그러는 가운데 하나님의 은혜와 사랑으로 몸은 점점 회복되어 갔고 그때부터 나는 더욱더 하나님의 말씀과 성령님을 의지하게 되었다.

논바닥에서
혜리(Herry)가 태어나다

밤이 깊어 가는데 급하게 문을 두드리는 소리와 함께 개 짖는 소리가 들린다. 나는 부족에서 잠을 잘 때 개 짖는 소리를 제일 싫어하고 두려워한다. 이유는 외부 사람이 침입했다는 이야기가 되기 때문이다. 다름 아닌 비키칸의 엘더들 가운데 한 사람인 알떨포락(Walter Forag)이 숨이 넘어가는 소리로 외쳤다.

"선교사님, 저희 집사람이 해산의 고통이 시작된 지 하루가 다 되어 가는데도 아이가 나오지 않습니다. 양수가 터져 흐르는데 아이가 전혀 나올 기색이 없습니다. 본톡에 있는 병원에 지금 가야 하는데 산모가 기진맥진해 있습니다."

그러면서 이 밤중에 본톡까지 걸어서 간다는 것이다. 낮에도 가기 힘든 길인데 산모를 데리고 어떻게 갈 수 있다는 말인가. 그러나

▶ 무릎 위에 앉아 있는 어린아이가 논바닥에서 태어난 '헤리'이다. 이 아이는 벌써 고등학생이 되었다.

산모를 이대로 방치하면 죽을 것 같았다. 그래서 서둘러 쌀 포대 자루에 작대기를 옆에 끼어 만든 들것에 산모를 눕힌 후 네 사람이 붙어서 들고 본톡을 향하여 갔다.

우리는 그 험한 골고다 언덕을 내려와 다시 계단 논둑길을 걸었다. 속에서 화가 났다 '이게 뭐하는 겁니까! 나오려면 빨리 나오든지.' 투덜거리며 들것을 걷어차고 싶었다. 그들은 아는지 모르는지 계속 길을 간다. 다시 좁은 길로, 또 논바닥으로 논에는 물이 있기 때문에 우리는 첨벙첨벙 빠지면서도 조심스럽게 그리고 비틀비틀 거리면서 가고 있었다. 그런데 갑자기 포대 자루에서 산모의 비명 소리가 온 산지를 뒤흔들더니 이어서 아기의 울음소리가 들리지 않은가!

나는 한편 너무나 반가웠다. 본톡까지의 길이 너무 험하고 또 언제 도착해서 어떤 상황이 벌어질지도 모르는 상황이었기 때문이다. 그나마 이곳에서 아이가 나온 것에 대해 감사했다. 포대 자루에서 태어난 아이는 탯줄을 길게 늘어뜨리고 있었다. 그 아이를 받쳐 들고 아이와 내 자신을 번갈아 쳐다보니 더욱 기가 막혔다.

"하나님! 이게 과연 인생입니까? 이렇게 태어나서 이렇게 거지처럼 살다가 간다면 차라리 태어나지 않는 게 낫지 않겠습니까? 이것이 사람의 새끼입니까? 돼지의 새끼입니까?"

이렇게 나는 논바닥에서 울부짖으며 통곡했다. 하지만 이런 생명의 탄생도 하나님의 섭리 아래 있기에 감사하며 그 여자 아이의 이름을 지어 주었다. 요한복음 1장 14절에 근거하여 '은혜와 진리가 충만하더라' 에서의 '은혜' 와 '진리' 를 뜻하는 '혜' 와 '리' 로 이름을 지었다. 그래서 나는 산지에서 최초로 한국 이름을 지어 주게 되었는데 그 아이의 이름은 혜리 포락(Herry Forag)이며 2009년 현재 고등학생이 되어 예쁘게 잘 자라고 있다.

여호와의 인자하심과 인생에게 행하신 기적으로 말미암아 그
를 찬송할지로다(시 107:8)

발가락을 문 쥐

한번은 사클릿(Saclit)이라는 부족 마을에서 쥐가 어린아이 발가락을 문 사건이 있었다. 치료해 주면 쉽게 아물 수 있는 상처인데도 그러지 못했다. 사람 똥, 돼지 똥, 개 똥 등으로 뒤범벅인 동네 땅바닥을 맨발로 누비다 보니 감염된 상처가 덧나 썩어 들어가기 시작한 것이다. 내가 그 아이를 찾았을 때는 이미 뼈도 새까맣게 썩어 있었다. 소독약을 부었더니 밑으로 줄줄 샜다. 이렇게 될 때까지 아이는 얼마나 고통스러웠을까!

어린아이가 밥을 먹고 있다. 더러운 손으로…. 그런데 주변에 개와 닭이 몰려온다. 아이가 한 번 먹고 개도 눈치 보며 집어 먹고 닭은 무섭게 다가와 밥을 쪼아 먹는다. 아이는 개와 닭을 쫓을 생각도 못하고 그렇게 함께 어울려 살고 있었다.

▶ 뛰어놀다 뼈가 부러진 어린아이. 그냥 방치해 두어 뼈가 엇갈린 채 붙어 자라고 있었다.

비에 젖은 빵

항상 험한 산길을 누비는 나에게 허기짐은 이미 익숙해진 느낌이 되어 버렸다. 그래도 정말 견디기 힘이 들 땐 도시에 가끔 내려와서 방부제가 많이 섞여 딱딱하고 맛없는 빵을 사들고 부족으로 돌아온다. 항상 내 주변에는 어떻게 냄새를 맡고 오는지 아이들이 몰려들었다. 그럴 때마다 고민이 생겼다. 어디에서 빵을 먹을 것인가… 아이들이 이렇게 보는 데서 먹을 수는 없지 않는가. 그래서 빵을 들고 산 높은 곳에 올라 바위 틈에 쭈그리고 앉아 숨어서 몰래 먹고 있는데 하늘에서 갑자기 소나기가 쏟아지는 것이다. 옷도 젖고 빵도 젖었다. 어린 아이들을 내팽개치고 나 혼자 맛있게 배불리 먹으려고 했었는데…….

내 이기심이 하나님께서는 용납이 안 되셨나 보다. 나는 아이들

앞에서 허탈한 웃음을 지어 보였다. 냄새나는 더러운 아이들이었지만, 머리에서는 헌데가 나서 진물이 줄줄 흐르고 있지만, 나는 이 아이들이 사랑스럽고 귀엽다.

> 하늘이여 노래하라 땅이여 기뻐하라 산들이여 즐거이 노래하라 여호와께서 그 백성을 위로하였은즉 그 고난 당한 자를 긍휼이 여기실 것임이니라(사 49:13)

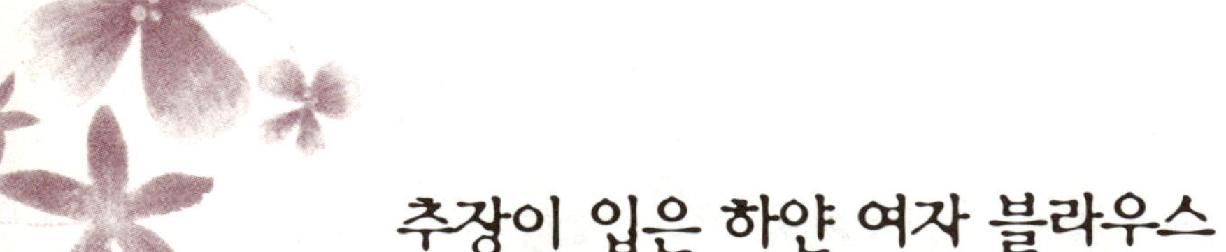

추장이 입은 하얀 여자 블라우스

필리핀이라는 나라는 열대지방이다. 때로는 잠을 이루지 못할 정도로 덥다. 하지만 이와 반대로 내가 있는 산지는 2천 내지 2천 5백 미터 고지이기 때문에 오후 3시쯤에는 구름이 그 지역 부족 마을을 덮으면서 한국의 늦가을처럼 날씨가 차가워진다. 비키칸 부족 마을에서 잠을 잘 때 초저녁에는 이불을 걷어차고 자다가도 새벽이 되어서는 다시 이불을 찾아 속으로 들어간다.

내가 산지에 처음 도착했을 때 그런 산지의 싸늘한 날씨에서도 옷을 입은 아이들이 별로 없었다. 입었다 할지라도 실밥만 남아 있는 옷을 입고 있었으며 (그만큼 옷이 낡았다는 말이다) 어른들은 성기만 가린 정도의 민속 의상을 입고 있었다. 바사오(Basao) 부족의 여자들은 젖가슴을 내놓고 다녔다. 날씨가 차가워도 입을 옷이 없기 때문이었다. 이들은 정말 원시적인 삶을 살고 있었던 것이다.

나는 이들에게 옷이 필요함을 절감하고 한국에 편지를 써서 유행과 계절이 지나 못 입는 옷이나 사이즈가 안 맞는 옷을 산지로 보내 달라고 부탁했고 옷 보따리가 도착하는 대로 나누어 주었다. 많은 교회가 동참했고 그 사람들을 나는 지금도 잊을 수가 없다.

어느 날 옷 보따리를 추장에게 주며 옷을 나누어 주라고 했더니 추장은 원주민들을 일렬로 세우더니 손에 잡히는 대로 주는 것이다. 그의 눈에는 남자 옷, 여자 옷, 아이 옷, 어른 옷 그런 것 들이 전혀 감이 오지 않는 것 같았다. 그도 그럴 것이 옷에 대한 것을 모르고 살아왔기 때문이다.

아이들이 어른들의 양복 윗도리를 가져가고, 어른들은 아이들의 반바지를 가져가고 그러나 불평하는 원주민들은 하나도 없었다. 왜냐하면 추장이 주는 대로 받아 가야 하기 때문이다. 그런데 나중에 알고 보니 추장(남자)인 자기가 제일 좋은 옷을 입고 있었다. 그것은 다름 아닌 여자의 하얀 블라우스였다. 목에 리본을 매고 양팔 끝을 매어 조이는 스타일의 블라우스였다. 아랫도리는 앞가리개만 차고 위에는 하얀 블라우스를 입고 팔짱을 낀 채 교회 앞자리에 앉아 있었다. 그 모습이 너무 우스꽝스러웠지만 소리 내어 웃을 수도 없었다.

나는 '추장님 그것은 여자가 입는 블라우스인데요.' 라고 말해 주고 싶은 마음이 굴뚝같았지만 차마 그런 말을 할 수 없었다. 왜냐하면 명색이 한 부족을 다스리는 추장으로 권위를 세워 줘야 하기 때문이다.

그런데 추장은 그것이 여자 옷인지도 모르고 그 옷이 편하고 좋았던지 매일 입고 마을 이곳저곳을 다닌다. 얼마나 그 블라우스를 사랑했던지 빨지도 않고 입고 다녀서 나중엔 옷이 새카맣게 윤이 날 정도였다. 원주민들도 평일에는 아무렇게나 옷을 걸치고 다니다가 교회에 나올 때는 고이 간직했던 한국 성도들이 보내 준 옷을 입고 나온다.

어느 수요일 밤 예배를 인도하러 강단에 서게 되었는데 여기가 한국인지 필리핀 산지인지 구분이 안 되는 것이었다. 한국의 조기 축구회 트레이닝복이 다 모여 있는 것이다. 영등포 조기 축구회, 숭의 여자 중학교, 충남대학교, 만경고, 북고, 동고, 이랜드, 프로야구 해태 타이거즈 유니폼 등등. 빨강색 바탕에 하얀색 글씨로 '해태' 라고 쓰여진 유니폼을 입고 폼을 잡고 앉아 있는 것이다.

어느 날 마이클 전도사가 내가 나눠 준 양복을 입고 손에는 한국 지폐인 만원짜리 1장을 들고 헐레벌떡 뛰어왔었다.

"선교사님, 이것 좀 보십시오. 선교사님, 저에게 나눠 주신 양복

윗 주머니를 뒤져 보니까 거기에 이런 것이…"

웃지 못할 해프닝이었다. 그래서 나는 한국에 방문하여 성도님들에게 선교보고할 때마다 10만 원짜리 수표도 사양하지 않을 테니 많이 많이 보내 주시라고 농담 삼아 말하기도 한다. 선교에 있어서 서로 나눈다는 것이 얼마나 복된 일인지 모른다. 가진 것을 나누면 없어질 것 같고 죽을 것 같지만, 오히려 더 많아지고 더 풍성해진다.

지금 세계적인 금융위기로 온 세상이 요동치고 있다. 이로 말미암아 한국 경제가 어려워지고 환율이 폭등하고 가계 살림이 힘들어지다 보니 각 교회마다 재정적으로 많은 어려움을 겪고 있는 것 같다. 이렇게 어렵다 보면 교회마다 선교비를 삭감하거나 아예 끊어버리는 경우도 많다. 이로 인해 선교현장 또한 많은 어려움을 겪는다.

그러나 곰곰이 생각해 보면 우리 삶 속에 어려움이 없었던 적이 있었는가. 이제까지 우리의 삶은 고난과 역경, 아픔의 연속이었다. 그러나 힘들고 어려운 상황 속에서도 하나님의 은혜와 사랑의 역사는 항상 우리 가운데 차고 넘쳤으며, 그래서 오늘 이렇게 성숙한 모습으로 거룩한 선교사역 앞에 서 있는 것이다.

나는 믿는다. 그리고 그 믿음으로 내일을 소망한다. 우리 하나님은 길을 내시는 분이시다. 하늘에도 바다에도 메마른 광야에도, 그리고 길 없는 곳에도 하나님은 길을 내실 것이다. 우리 앞에 큰 산을 무너뜨려 시온의 대로를 열어 놓으실 것이다. 엘리야의 하나님이 한국 교회의 하나님이시고, 사르밧 과부의 하나님이 나의 하나님이심을 믿기 때문이다. 우리의 형편과 상황이 아무리 어렵다 할지라도 복음의 진보를 멈출 수는 없다. 선교의 역사를 중단할 수는 없다. 그래서 하나님의 영광이 이 어두움을 물리치고 이 땅 위에 충만하도록 해야 할 것이다. 이것이 믿음과 사명 앞에 서 있는, 결코 타협할 수 없는 결단인 것이다.

저가 가서 엘리야의 말대로 하였더니 저와 엘리야와 식구가 여러 날 먹었으나 여호와께서 엘리야로 하신 말씀같이 통의 가루가 다하지 아니하고 병의 기름이 없어지지 아니하리라(왕상 17:15-16)

어여쁜 소녀, 메리(Mery)와
라니(Lani) 이야기

열다섯 살쯤 되는 예쁜 소녀가 있었다. 그 소녀는 내가 그 부족을 방문할 때마다 항상 웃는 얼굴로 제일 먼저 맞아 주었다. 그런데 이 아이에게는 간질병이 있었다. 이 질병은 말라리아에서부터 시작된 것이다. 산속에서는 말라리아에 걸릴 확률이 높다. 그렇다고 의료시설을 빨리 이용할 수 있는 형편도 못되어서 이 열병을 잘 극복하면 살고 그렇지 못하면 죽게 된다.

말라리아에 걸리면 열이 심하게 오르다가도 열이 떨어져 소강상태를 보이는데 이 상태가 더 위험하다. 열이 내린 상태에서 말라리아 균들이 머릿속을 침투해 뇌를 손상시키면 그 병이 다 나았다 할지라도 가끔 경기를 일으키면서 간질로 발전하기 때문이다. 이곳에는 이런 아이들이 참으로 많다. 이런 모습들을 보는 나로선 참으로 마음이 안타깝기 그지없을 뿐이다.

메리가 예배 시간에 항상 찬송을 인도하면서 하나님께 영광을 돌리는 모습을 볼 때면 내 마음이 기쁘다. 그런데 어느 날 물을 끓이다가 발작이 일어났다. 잘못 쓰러진 탓에 한쪽 팔이 펄펄 끓는 물 속에 빠지게 되어 그대로 삶아져 버렸다. 위급한 상황이었지만 마땅한 치료 방법이 없어 소독되지도 않은 더러운 헝겊으로 동여매었다. 상처 부위가 더욱 심해져 팔이 썩어져 갔다. 그리고 팔 밑으로 농이 생겨 진물이 흘렀다. 지금 생각하면 아쉬움만 남는다. 그렇게 고통스러운 가운데서도 입가에 웃음 짓던 메리였다.

내가 몇 달 후 비키칸 부족을 방문 했을 때 언제나 제일 먼저 반겨 주던 메리가 보이지 않았다. 나는 혹시나 해서 물어 보았다.

"메리 어디 갔어요?"

"메리요? 이미 세상 떠났습니다."

"세상을 떠나다니요?"

"화상이 깊어져서 죽고 말았습니다."

나는 순간적으로 커다란 망치로 머리를 얻어 맞은 것처럼 큰 충격을 받았다. 내가 제때 그 아이를 병원으로 데리고 갔었더라면 죽지 않았을 텐데…… 선교사로서 넉넉하지 못하지만 메리가 정말 나의 딸이었다면, 메리가 정말 나의 가족 중에 하나였다면, 저런 상태로 죽게 만들었을까? 나는 날마다 저들을 사랑한다고 고백을 하는데 정말로 저들을 사랑하고 있는 것일까? 예수님의 사랑을 진정 전하고 있는 것일까? 이런 저런 생각을 하니 나의 가슴은 한없이 무너지는 것 같았다.

> 그들이 조반 먹은 후에 예수께서 시몬 베드로에게 이르시되 요한의 아들 시몬아 네가 이 사람들보다 나를 더 사랑하느냐 하시니 이르되 주여 그러하나이다 내가 주님을 사랑하는 줄 주께서 아시나이다 이르시되 내 어린 양을 먹이라 하시고(요 21:15)

바기오에서 16시간 떨어진 '아파야오(Apayao)'라는 부족 마을은 정글지대로 둘러싸여 있다. 라니는 이곳에서 왔다. 부족의 어려운 환경 속에서 자란 보통 순박한 아이들과는 달리 명석하고 똑똑한 아이여서 바기오로 데려왔고 내가 주는 장학금으로 현재 루손동부대학에서 회계학 4학년에 재학중이다.

어느 날 다 같이 저녁 식사를 함께 하는데 라니가 테이블 밑으로 쓰러졌다. 깜짝 놀라며 혹시 심장마비나 비타민 부족으로 영양실조가 걸려서 그런가 하고 한바탕 소동이 일어났었다. 그 아이를 부축해 침대에 눕혀 한국식으로 손발을 바늘로 따고, 마사지를 했지만 깨어날 조짐이 없다.

아내가 그 아이의 회복을 위하여 하나님께 간절히 기도하기를 20분쯤 되었을까… 눈을 부스스 뜨며 아무 일도 없었던 것처럼 자리에서 일어났다. 이 아이 역시 메리와 같은 간질병을 앓고 있었던 것이다. 하지만 그 원인과 상황이 전혀 달랐다. 라니는 '피'를 보면 발작을 일으킨다. 그날도 식구들과 이야기를 나누며 식사를 하고 있었을 때 가위를 잘못 다루어 상처난 곳을 어린 동생이 아무것도 모르고 보여 준 탓에 일어난 일이었다. 난 메리가 생각났다. '저러다 또 잘못 쓰러지면 큰일인데…' 내 곁에 두고 보살펴 주고 싶었다. 지금 라니는 주말마다 저녁을 함께 하며 서로의 안부를 묻는다. 밝게 웃으며 "I'm fine, 목사님." 하는 라니가 고맙기만 하다.

> 여호와여 주의 백성에게 베푸시는 은혜로 나를 기억하시며 주
> 의 구원으로 나를 돌보사(시 106:4)

창자가 밖으로 튀어나온
'라피' 이야기

띵나얀 프라퍼(Tinglayan Proper) 부족에는 나면서부터 창자가 밖으로 나온 '라피 부문-아스(Raffy Bumun-as)' 라는 아이가 있었다. 튀어나온 아이의 창자는 자라면서 더 커져 갔다. 그래서 비닐봉지로 창자를 싸들고 다녀야 했다. 우리는 조그만 상처에도 고통스러워 어찌할 줄 모르는데 그 어린것이 창자가 밖으로 돌출되어 고통당하고 있으니, 아이는 너무 아파서 늘 울어댄다. 아이도 울고, 부모도 울고, 보는 사람들은 가슴 아파 힘들어 하고……

그 모습을 바라보는 나는 눈물을 흘리면서 아무 것도 해 줄 수 없는 자신의 무능함에 괴로워하며 하나님께 부르짖었다. '아, 어떻게 해야 한단 말입니까? 이 아이에게 나는 무엇이란 말입니까? 어찌해야만 합니까?'

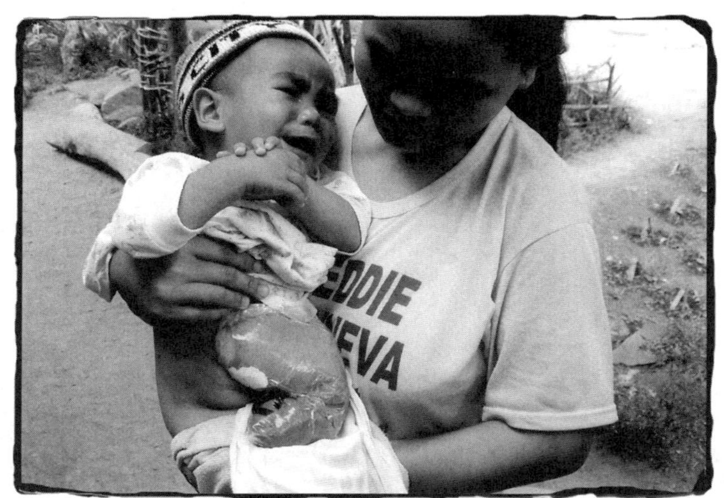

▶ 태어나면서부터 창자가 밖으로 나온 채 자라고 있는 어린아이.

▶ 라피가 치료 받고 완쾌된 모습.

나는 밖으로 나온 창자를 그저 부둥켜 안고 눈물로 기도했다. 그러나 솔직히 어떤 기적이 일어나리라고는 기대하지 못했다. 그저 엄마가 이 아이를 데리고 왔기에 선교사로서 기도한 것뿐이었다. 그런데 하나님께서 이 기도를 들으셨는지 한국에서 교회 청년들을 이끌고 단기선교를 오신 이희주 목사님께서 이 안타까운 광경을 보시고 한국에 돌아가서 인터넷에 글을 써 올렸다.

구하라 그리하면 너희에게 주실 것이요 찾으라 그리하면 찾

아낼 것이요 문을 두드리라 그리하면 너희에게 열릴 것이니

(마 7:7)

또한 성남에 사시는 한 권사님께서 국민일보에 제보를 하셨는지 이 일이 매스컴에 알려지게 되었고 한국의 많은 분들이 헌금해 주셔서 세 차례의 수술을 거쳐 고침을 받고 이제는 행복한 삶을 살 수 있게 되었다. 그때 세 살이었던 아이가 지금은 초등학교 2학년이다. 고침을 받은 아이의 부모는 나를 찾아와 이렇게 말했다.

"선교사님! 고맙습니다. 이 은혜를 무엇으로 갚아야 할지요. 앞으로 이 아이를 선교사님처럼 훌륭한 선교사로 키우겠습니다."

그 아이 부모의 고백이었다. 그래서 나는 새 이름을 지어 주었다. '라피' 대신 '사무엘 본 보나스' 로… 이 일로 인하여 2006년 1월 6일 자 국민일보 1면 기사(기적을 만든 선한 이웃, 필리핀 권영수 선교사) 에 사진과 함께 실리게 되었다. 저 산지에서 보잘것없이 원주민과 함께 사는 내가 졸지에 신문기사 1면에 오르는 인물이 되었다.

비록 내가 하는 사역들이 사람들은 몰라 주고 관심도 없을 수 있겠지만 훗날 하나님 앞에서는 제대로 평가 받으리라는 것을 믿고 오늘도 힘차게 주의 사역에 임하고 있다.

그러므로 내 사랑하는 형제들아 견실하며 흔들리지 말고 항상
주의 일에 더욱 힘쓰는 자들이 되라 이는 너희 수고가 주 안에
서 헛되지 않은 줄 앎이라(고전 15:58)

항문이 없는 아이

비키칸에 '크리스티나(Christina)'라는 내 제자가 있다. 내가 처음 부족에 복음을 증거할 때 그 복음을 받아들이고 예수를 믿게 되었다. 어리기만 했던 아이가 장성하여 결혼을 하게 되었고 아이를 낳았는데 안타깝게도 항문이 없이 태어났다.

젖을 먹으면 다시 입을 통해 밖으로 변이 되어 나온다. 의사는 임시로 배꼽 밑에 항문을 만들었다. 그러나 그것은 임시적일 뿐, 그 아이의 고통은 계속 되었다. 또한 보는 이들의 안타까움은 더해 갔다. '아니 이렇게 가난하고 불쌍한 부족인데 어린아이마저 항문 없이 태어나다니…….'

하나님께 이 문제를 놓고 기도를 할 때 문득 '라피(Raffy)'의 일이 떠올랐다. 창자가 모두 밖으로 튀어나와 고통스러워하다가 한국

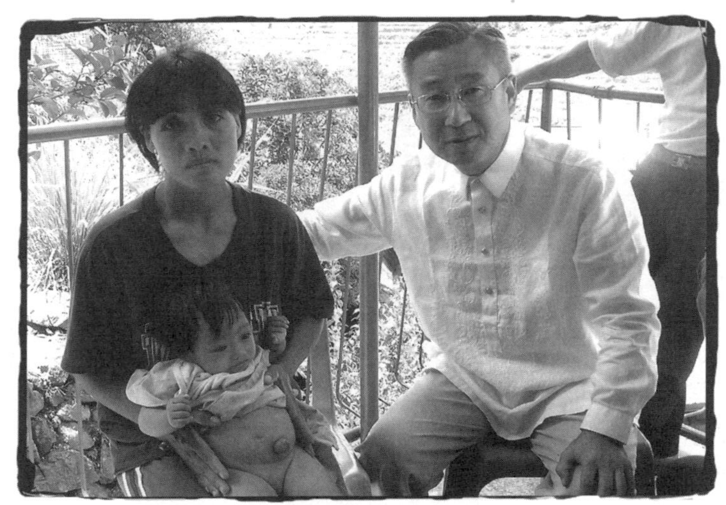

▶ 항문이 없어 임시로 배꼽밑에 항문을 만들어 줌.

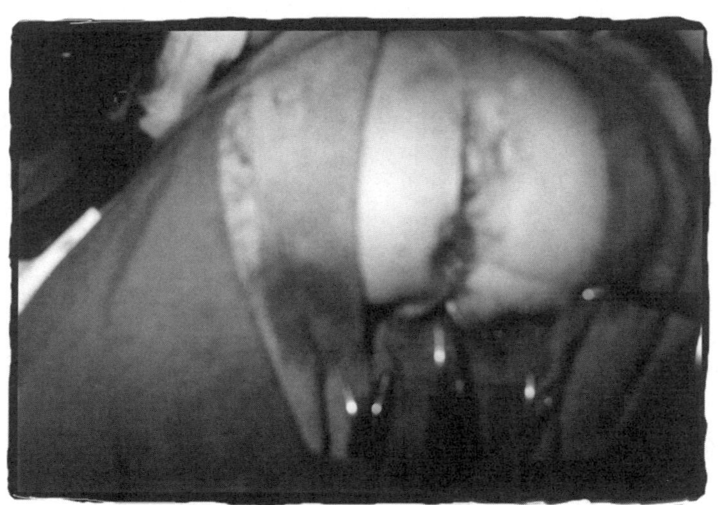

▶ 항문수술을 받고 있는 모습.

성도들의 도움으로 치료받은 아이. 나는 한국에 또 도움을 요청했고 나의 요청은 땅에 떨어지지 않았다. 역시 하나님께서는 한국교회를 통하여 크신 역사를 이루고 계심을 깨달을 수 있었다. 하나님은 한국 교회의 순종을 통하여 민족에게 더 큰 복을 부어 주시리라 믿는다.

> 그는 종일토록 은혜를 베풀고 꾸어 주니 그의 자손이 복을 받
> 는도다(시 37:26)

드디어 항문 없는 아이는 도움의 손길을 통하여 다른 아이들처럼 항문을 가지게 되었다. 그러나 이 아이는 자궁을 포기해야만 했다. 어쩔 수 없는 선택이었다. 앞으로 아이를 가질 수 없게 된 것이다. 하지만 엄마 크리스티나는 이 아이를 하나님께 드리기로 마음먹었기에 어쩔 수 없는 선택까지도 하나님의 은혜라 생각하며 감사했다.

> 그리스도 예수 안에서 너희에게 주신 하나님의 은혜로 말미암
> 아 내가 너희를 위하여 항상 하나님께 감사하노니(고전 1:4)

조시

'조시'는 보통 필리핀 사람들과는 사뭇 생김새가 다른 아파야오 지역의 아이따 부족에서 온 아이다. 아파야오 지역은 북부 정글 지대에 있는 곳으로 미개척지이며 미전도 종족이다. 우리 선교부에서는 지난 4년 전부터 팅나얀 출신의 후안 머시 목사를 파송하여 아파야오 지역의 복음화를 위해 '코넬' 부족에 선교 캠프를 설치하고, '기남 강남', '안립', '뚜아오', '기완', '키브가오' 등 6개 부족에 교회를 세워 나가고 있다.

이 아이따 부족은 필리핀 내에서도 따돌림을 받는 부족으로 그 뿌리가 아프리카에서 건너온 종족이 아닌가 생각해 본다. 왜냐하면 그들과 생긴 모습이 거의 똑같기 때문이다. 이들은 사람들의 눈길과 문명의 오만함을 피해 깊은 산속이나 정글 지대를 선택했다. 그러나 그

▶ 아이따족 성도들과 함께. 이들은 사람들의 눈길과 문명의 오만함
을 피해 정글에 숨어 살아가고 있다.

▶ '아이따' 어린이들. 이들은 지금 먹는 문제 해결과 질병에 방
치되어 있어 마음이 아프기만 하다.

삶은 항상 질병의 위험에 노출되어 있다. 오염된 물로 인한 수인병에 구토와 설사, 말라리아, 뎅기열, 피부병 등으로 많은 원주민들이 생명에 위협을 받고 있고 부족한 양식은 이들을 늘 허기지게 만든다.

원주민들은 매일 삶은 바나나와 커피로 끼니를 대신하며 생계를 이어가기도 하지만, 먹을 것이 없어 굶어 죽어 나가는 불쌍한 어린아이도 있다. 또한 이들은 매우 어린 나이에 결혼을 한다. 우리의 시선으로 그들의 결혼 문화를 본다면 정말 비인간적이고 말도 안 되지만 그들은 쭉 그렇게 살아 왔다. 조시의 언니는 만 열두 살 때 결혼을 했고 조시의 친구는 열세 살 때 결혼했다. 어떻게 이렇게 빨리 남자를 만날 수 있을까… 그들은 자신들을 노리고 있는 남자들에 의해 반강제로 시집을 가게 된다. 후안 머시의 말을 그대로 옮기자면 여자아이가 월경을 시작하게 되면 눈독을 드리고 있던 남자가 그 여자 아이의 지나가는 길에서 기다리다 그대로 데려간다고 한다. 그래서 첫아이 출산도 굉장히 빠르고 그렇게 쭉 아이들을 낳아 기른다. 당연히 가족 계획은 없다.

사모가 항암치료를 은혜 안에서 마치고 필리핀으로 돌아와 다시 사역을 시작하고 있던 어느 날, 후안 머시 목사와 함께 새카맣고 조그만 어린 아이따 부족의 아이가 우리 집을 방문했다. 후안 머시는

▶ 사랑스럽고 귀여운 아미따 어린이. 이 해맑은 어린이의 눈망울에 나눈 희망을 심어 주고 싶다.

저 산지에 먹을 것이 없고 이 아이를 교육시키기고 싶어서 데리고 왔다고 했다. 아무런 사전 연락 없이 산지에서 내려와 아이를 우리에게 부탁하고는 다시 산지로 떠나 버렸다. 내 생각으로는 남자 문제도 있었던 것 같다.

그렇게 남겨진 조시는 온몸이 벌레에 물린 것인지 피부병인지 분간할 수 없이 머리에서부터 진물이 흐르고 있었다. 그 모습을 본 아내는 자신의 몸도 아직 온전치 못한데 어떻게 아이를 돌볼 수 있겠느냐며 산지에 있는 신학교로 보낼 것을 내게 부탁했다. 엄두가 나지 않는다고 몹시 부정적인 반응을 보인 것이다. '아, 이를 어쩌지?' 자신의 몸만 온전했다면 절대 거절할 사람이 아닌데… 중간에 선 나는 어찌할 바를 몰랐고 그래도 일단은 우리 집에서 머물기로 하며 하룻밤을 보냈다.

다음 날 아침, 그런데 아내가 밝게 웃는다. 예전에 결혼을 승낙하던 그 밝은 웃음이었다. 난 안다. '아내가 생각을 바꾸었구나!' 간밤에 철야하며 조시를 놓고 기도한 모양이다. 불쌍한 영혼을 어떻게 하면 내 마음에 담을 수 있는지 마음을 열어 달라고 기도했을 것이다. 아내는 조시를 보며 딸이라 한다. 목욕을 시키고 옷을 갈아 입히며 맛있게 밥을 지어 다 같이 함께 아침 조반을 먹는다. 역시 아내는 하나님과 나를 실망시키지 않고 오히려 자랑스럽게 만든다. 나도 미안해서 도저히 설득을 시킬 수 없었는데 하나님께서 만지셨던 것이다. 그 말씀에 순종하기도 쉽지 않은 일인데 아내는 역시 '순종 대장' 이다.

조시가 우리 집에 온 지 6년째 접어든다. 한마디도 안 하던 아이가 말도 잘 하고 웃기도 잘 한다. 장난도 잘 치고 모든 집안 일에 사모 다음으로 열심이다. 사모를 닮아 순종 부대장이 되었다. 무슨 말이든 "예스 아빠, 예스 엄마"다. 조시는 우리를 '아빠 엄마' 라 부른다. 고등학교에 입학한 조시를 위한 계획이 내 머리 속에 잔뜩 들어 있다.

'고등학교를 졸업하면 루손동부대학 교육학과에 입학을 시켜야지. 대학을 졸업할 때까지 조시 동네에 학교를 세워 줘야겠어. 그러면 조시가 거기서 가르치면 되겠다. 아주 좋아. 남자 문제(?)만 없으면 되겠군.'

조시는 매년 방학 기간이 되어도 집을 갈 수가 없었다. 후안 머시 목사가 반대하기 때문이다. 역시 조시를 기다린다(?)는 그 남자가 문제다. 그런데 조시가 이번 방학 때는 집에 가려고 작정을 한 모양이다. 교회에서 후안 머시 목사와 있을 거란다. 걱정하지 말라고 안심시키지만 그 목사가 24시간 보초를 설 수도 없는 노릇이고 솔직히 불안하다. 그래도 계속 고향을 못 가게 할 수도 없는 노릇, 하나님께 이 문제를 맡긴다.

'하나님! 그래도 결혼만은 아직……'

어느 노 목사님의 고백

젊은이들도 쉽게 오를 수 없는 1시간 30분이나 걸리는 산지의 언덕길을 천식으로 고생하시는 몸을 이끌고 5시간이나 걸려 힘들게 부족을 방문하신 노구의 은퇴 목사님이 계시다. 만성 천식으로 가슴을 부여잡으시고 헐떡거리시면서도 산지족 선교의 현실을 보시려고 가파른 산골짜기를 오르시며 머나먼 길을 걷고 또 걸으셨으니 참으로 무리였을 것이다.

주와 같이 길가는 것 즐거운 일 아닌가
우리 주님 걸어가신 발자취를 밟겠네
한걸음 한걸음 주 예수와 함께
날마다 날마다 우리는 걷겠네

190

도착 후 원주민들과 함께 예배를 드리고 밤을 지새우며 받은 은혜를 나누시던 목사님은, 눈물을 흘리시며 내 손을 꼭 붙잡으셨다. 그리고는 이렇게 말씀하셨다.

"하나님께서 권 선교사님을 만나게 하시려고 나를 이곳까지 보내셨군요."

나이 많으신 목사님의 떨리는 목소리와 감격의 눈물이 나 또한 은혜가 되어 너무나 감사했다.

"내가 항상 참 선교사를 만나게 해달라고 기도했는데 하나님께서 이렇게 만나게 하셨습니다. 권 선교사님, 한국에 오시면 저희 집에 꼭 들리세요."

내가 '참 선교사' 라니! 언제나 부족하고 연약하여 힘든 고비를 넘길 때마다 감사하기는커녕 불평불만으로 늘 회개하기가 일쑤였던 나를 참 선교사로 불러 주신데 대하여 송구스럽기 그지 없어 고개를 들 수가 없었다.

언제부턴가 목사님께 이런 기도 제목이 있었다고 한다. 은퇴하고 나면 '참 선교사' 를 만나게 해달라는 기도였다. 아마도 신실하지 못한 '거짓 선교사' 를 목회 중에 많이 만나서일까. 그러나 '참 선교사' 와 '거짓 선교사' 는 어느 누구의 눈으로 관찰되는 것은 아니다.

▶ 둥온 교회에서 전도 부흥 집회를 마친 후 성도들과 함께한 권 선교사.

오직 '하나님의 눈'에 의해서 관찰되는 것일 뿐이다. 사역의 평가 역시 지금 당장 결과를 얻을 수 있는 것이 아니다. 오직 하나님에 의해서만 마지막 심판의 날에 '참 선교사'와 '거짓 선교사'가 가려지는 것이다. 그럼에도 불구하고 나를 '참 선교사'라 말씀하시니 하나님께 무한한 감사와 찬양을 돌렸다.

성경에 나와 있는 최대의 비극은 마지막 최후의 심판대 위에 많은 사람들이 와서 "주여 주여 우리가 주의 이름으로 선지자 노릇하

며 주의 이름으로 귀신을 찾아내며 주의 이름으로 많은 권능을 행치
아니 하였나이까."라고 말할 때 주님께서 그 사람을 향해서 "내가 너
희를 도무지 알지 못하니 불법을 행하는 자들아 내게서 떠나가라."
라고 말씀하시는 것이다(마 7:22-23).

나는 봄에 열리는 정기 노회 때 한국으로 건너가 목사님 댁을 방
문하게 되었다. 우리가 주소를 들고 찾아간 곳은 부산 양산 외각 지
역인 '웅천' 이라는 곳이었다. 목사님께서는 친히 마중 나오셔서 조
그마한 아파트로 우리 부부를 인도하셨다.

"권 선교사님, 들어오십시오. 여기가 제 집입니다."

아파트 문을 열고 집에 들어서는 순간 코를 찌르는 역한 냄새가
견디기 힘들 정도로 전달되어 왔다. '무슨 냄새일까? 어디서 나는 냄
새일까?' 냄새에 정신을 차리지 못하는데 목사님께서 침상에 누워
계시는 사모님을 소개하셨다. 이제야 그 고약했던 냄새의 근원지를
알게 되었다.

사모님께서 오랫동안 병석에 누워 계셔서 욕창이 생겼는데 그것
으로 말미암아 집 안에 살 썩은 냄새가 진동했던 것이다. 나와 아내
는 은퇴하신 후 저렇게 처참하게 살아가시는 노 목사님 부부를 바라
보면서 가슴이 울컥거리고 두 눈에서 뜨거운 눈물이 흘러내렸다.

목사님은 누워 계신 사모님의 말씀에 따라 평소 장을 보시고 음식도 장만하며 김치는 물론 주방 설거지까지 하셨다. 아내가 팔을 걷어붙인 채 싱크대 위에 있는 그릇들을 닦았다. 20여 년 간의 세월 동안 사모님 병간호에 최선을 다하시는 목사님… 은퇴 전까지 성도들을 위하여 한없는 희생을 하시더니 이제는 사모를 위해 희생적인 삶을 살고 계신다. 예수 그리스도의 진정한 제자로서 그 삶을 헌신하고 계심에 존경스러운 마음이 그지없다.

자녀들도 있지만 이 험한 꼴을 보이기 싫어서 이렇게 따로 사신단다. 아내가 준비한 점심을 먹고 있는데 목사님께서 대뜸 부산 서면에서 아들이 '웨딩숍'을 한다고 같이 가자는 것이다. 우리는 누워 계신 사모님께 작별 인사를 드리고 밖을 나섰다. 웨딩숍에 들어서자 목사님께서 내게 기도를 부탁하시더니 기도가 끝나자마자 우리들을 잠시 안에서 기다리게 하고는 밖으로 나가셨다. 그리고 잠시 후 다시 돌아오시더니 하얀 봉투 하나를 내게 꺼내 주시는 것이 아닌가.

"목사님, 이게 무엇입니까?"

"아, 예. 이것은 700만 원입니다. 우리 자식들이 치료비와 용돈으로 준 것을 모은 것입니다. 산지족 영혼들을 위하여 써 주십시오."

"아닙니다. 받을 수 없습니다. 사모님께서 아프신데 병원비에 쓰

▶ '따꽁' 부족에서 복음을 받아들인 원주민 노 부부에게 영접기도를 드리고 있는 권 선교사.

셔야지요."

"이제 우리는 다 살았어. 더 늙기 전에 주님이 기뻐하시는 일을 하고 싶어. 비록 적은 것이지만 산지족 영혼들을 위하서 써 주었으면 좋겠습니다."

목사님은 한사코 받을 수 없다고 거부하는 나의 손을 부드럽게 뿌리치시며 주머니 속으로 봉투를 쑥 넣으셨다. 그리고 본인의 점퍼 주머니에 손을 넣으시고는 뒤돌아서서 가시는 것이다. 하얀 고무신

차림으로 지하철로 향하시는 노 목사님을 바라보면서, 우리 부부는 그 자리에 선 채 부끄러운 줄도 모르고 한없이 눈물을 흘리며 기도하였다.

'아, 하나님! 어찌해야 합니까? 이렇게 귀한 물질을 어떻게 쓸 수가 있겠습니까? 어떻게 써야 하나님과 목사님의 뜻에 어긋나지 않을 수 있습니까? 하나님, 너무 귀하고 귀하여 마음에 짐이 됩니다. 하나님께서 함께하여 주십시오. 도와주십시오. 우리를 인도하여 주십시오.'

> 내가 달려갈 길과 주 예수께 받은 사명 곧 하나님의 은혜의 복음을 증언하는 일을 마치려 함에는 나의 생명조차 조금도 귀한 것으로 여기지 아니하노라(행 20:24)

선교비를 받게 되면 무엇보다 먼저 하나님께 두려운 마음이 앞선다. '이 물질을 바르게 써야 한다. 이 물질은 한국교회 성도들의 피와 눈물과 땀이 배어 있는 물질이다. 이 귀한 물질로 이 산지, 저 산지에 아름다운 복음의 꽃을 피울 것이며 열매를 맺게 할 것이다.' 오늘도 나는 위와 같은 고백을 계속 마음 속에 되새기며 선교의 길을 가고 있다. 지난 18년 동안 우리 선교지를 위하여 기도해 주시고 사랑의 물질로 후원해 주신 분들을 나는 결코 잊을 수 없다.

박지훈 목사님께서는 사위가 미국에서 교통사고로 세상을 떠났을 때 받은 보상금으로 부스칼란(Buscalan) 부족 마을에 교회를 건축하셨다. 또 어떤 집사님은 우유 배달을 하다가 한쪽 다리를 잃게 되어 의족을 단 채 힘들게 번 돈을 선교비로 보내고 계시고, 또는 폐품을 수집하여 번 피와 같은 돈을 보내는 분도 계시다.

환난의 많은 시련 가운데서 그들의 넘치는 기쁨과 극심한 가난
이 그들의 풍성한 연보를 넘치도록 하게 하였느니라(고후 8:2)

이렇듯 수많은 분들이 기도와 관심, 사랑의 손길을 베풀어 주셨는데 그분들에게 깊은 감사를 드린다. 지금의 선교사역은 결코 나의 능력으로 이룬 것이 아니다. 그것은 하나님의 역사였고 한국의 많은 성도님들의 뜨거운 사랑과 열정이 있었기에 가능했다. 협력하여 선을 이루시는 하나님의 기적과 같은 역사인 것이다.

주님이 보내신 생명의 은인

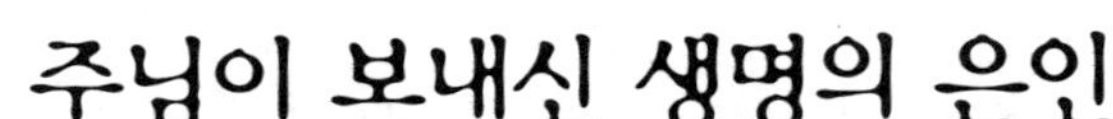

내가 원주민과 함께 생활할 때 나 역시 이미 그들과 다를 바 없는 새까만 얼굴의 비쩍 마른 필리핀 사람이었다. 내 눈이 조금만 더 컸더라면 아무도 날 그들 가운데서 구분해 내지 못했을 것이다. 비키칸 원주민 교회를 건축할 때는 내 몸의 기운이 소진하여 죽기 일보 직전이었다. 그러나 주님께서 주신 귀한 양들을 위하여 희생하다가 죽는 것이 무엇이 두려우랴. 다만 더 많은 산지 곳곳의 영혼들을 구해야 하는데 그렇게 하지 못하고 죽음을 맞이하면 어쩌나 하는 안타까운 마음이 들 뿐이었다.

내 몸이 점점 야위어가고 피골이 상접한 모습을 보게 되자 성도들이 나를 위하여 사랑을 베풀어 주었다. 개 한 마리를 잡기로 한 것이다. 한국에서는 더운 여름철 기운이 다하여 기진맥진해지는 복날에 개를 잡아 몸보신을 한다. 아마 이들도 건강 회복을 위해 개를 잡아 요리하는 것 같다.

아침을 먹고 잠시 산책을 하고 있는데 건축현장에서 일하는 원주민 성도가 볼로(칼)를 들더니 개의 목덜미를 향하여 젖 먹던 힘을 다하여 내리쳤다. 하늘을 향하여 오르던 칼은 이내 개의 목을 두 동강냈다. 볼로는 비록 날카롭지는 못해도 무게가 상당하기에 참으로 무서운 칼이다. 지난날 마이클이 예수를 믿기 전 교회를 위협하기 위해 옆구리에 찼던 칼이기도 하다.

원주민들이 개를 요리하는 방법은 아주 단순하다. 다시 말해 원주민다운 방법을 사용한다. 먼저 큰 통을 준비해 물을 팔팔 끓인 후 개를 통째로 넣고 삶는다. 우리 나라는 개를 잡거나 돼지를 잡으면 기본적으로 털을 밀어내고 내장을 깨끗이 한 후에 고기를 삶는데 여기서는 털을 밀어내지도 않는다. 내장을 빼낸 후 털이 달린 상태로 한참동안 끓이는 것이다.

얼마의 시간이 흘렀을까?

"선교사님, 개머리 드세요."

"……!"

젊었을 때 앓았던 폐병 때문인지 나는 가끔 숨이 멎는 듯한 고통을 느끼곤 한다. 또 갑자기 숨이 답답해지고 호흡이 잘되지 않으면서 기운이 없어진다. 때로는 잠을 자다가도 고통을 느낄 정도다. 어떤 분으로부터 기관지가 나빠서 그런 것 같다는 말을 듣고 이후 생강을 끓인 물을 가지고 다니면서 마셨지만 증상은 여전했다. 심장의 문제가 있나 하고 병원에 가서 심전도 검사를 했지만 결과는 정상이었다. 참으로 난감했으나 고통은 계속 됐다.

필리핀 남쪽에 위치한 팔라완(Palawan)에서 있었던 일이다. 모든 일정을 마치고 마닐라로 돌아오는 기내에서 이륙을 기다리고 있는데 그 고통이 다시 시작된 것이다. 이륙하려던 비행기는 나로 인하여 멈춰 섰고, 나는 곧 병원으로 급히 후송되었다. 내가 병원으로 실려 가는 동안 공항에서는 비상이 걸렸다. 이유는 혹시 테러리스트가 비행기 안에 폭발물을 장치해 놓고 거짓으로 고통을 호소해 비행기 밖으로 빠져 나갔을지도 모른다는 추측과 어딘가에 있을지 모르는 폭탄을 찾기 위해서였다. 졸지에 나는 테러리스트 용의자가 되었고 그 소동으로 비행기는 한 시간 이상 지연되어 늦게 출발했다.

응급실에 실려 간 나는 여러 검사를 받았지만 결과는 또 정상이었다. 다음 날 나는 그곳 팔라완에 사시는 한 선교사님과 함께 필리핀 항공사 직원을 초청하여 식사 대접을 했다. 그리고 내가 테러리스

▶ 비키칸 부족에서 성전 건축 중에 내 몸이 쇠약해져 있는 것을 안 원주민들이 개고기를 삶아서 함께 먹고 있다.

▶ 산사태로 길이 무너졌지만 멈춰지지 않는 복음의 발길

트가 아님을 확인시킨 후 블랙리스트에서 삭제해 줄 것을 부탁했다. 하지만 우리의 뜻은 받아들여지지 않았다. 결국 마닐라로 돌아오는 비행기에 한해 한 번 혜택을 받기로 하고, 한동안 필리핀 항공사 비행기를 이용하지 못했다.

원인을 알 수 없는 질병은 수시로 나를 괴롭혔다. 이는 필리핀에서 뿐만 아니라 한국에서도 마찬가지였다. 내가 한국을 방문하여 부산에 갔을 때다. 부산에서 워터스 정수기 업체의 대리점을 운영하시는 이주열, 최법기 집사님 내외분이 나를 반갑게 맞아 주셨다. 내가 이분들을 알게 된 것은 남편되시는 최 집사님이 신학교에 다니셨을 때 졸업여행을 나의 선교지로 정해 다른 신학생들과 함께 오신 것이 계기가 되었다. 그때 깊은 은혜와 감동을 받으신 최 집사님께서 내 선교사역에 든든한 후원자 중 한 분이 되셨고, 이런 인연으로 인사도 드릴 겸 해서 부산까지 내려가게 된 것이다. 이런 저런 이야기를 나누고 있는데 아내 되시는 이주열 집사님께서 자갈치 시장을 가자고 하셨다. 나의 야윈 몸과 힘이 없는 모습을 보시고 몸에 좋은 생선을 사기 위해 가자고 하신 것이다. 생선을 한참 고르시던 집사님께서 생선을 들더니 이렇게 말씀하셨다.

"선교사님, 이 생선 잠시만 들고 계세요."

나는 집사님 말에 알았다고 대답하고는 시장 한복판에서 집사님이 건네 준 생선을 들고 서 있었다. 그리고 얼마나 지났을까… 나는 마치 무슨 최면에 걸린 사람처럼 무의식 속으로 빠져들면서 그만 시장 바닥에 쓰러지고 말았다. 어찌 보면 이게 나의 모습이고 실체였다. 지금까지 내가 살아온 것도 나의 힘이 아닌 그분의 힘이었음을 고백한다. 그분이 내게서 힘을 거두어 가시면 한낱 쓸모없는 흙덩어리에 불과한 것임을 다시 한 번 깨닫게 되었다.

오, 주님, 나는 연약한 존재입니다.

나에게 힘을 주시옵소서.

오직 당신의 힘으로만이 나는 일어날 수 있습니다.

나는 당신 앞에 어린아이 같은 존재이며

오직 당신 품 안에서만 자유함을 누릴 수 있습니다.

아직은 아버지 나라에 갈 수 없습니다.

내가 떠나면 어느 후임자가 내 마음처럼

산지의 영혼을 사랑하며 보살필 수 있겠나이까?

하나님!

나의 어머니의 하나님!

나를 돌아보셔서 한번만 내 영혼을 구원하옵소서!'
'젊은 날 깊은 병으로 생명이 끝난 몸을
당신이 살려 주시지 않았습니까?
사명이 있는 자는 죽지 않는다고 했는데
제 사명이 이미 끝난 것입니까?
저는 이대로 끝낼 수가 없습니다.

하나님께 부름 받은 산지의 선교사가
산지에서 죽지 못하고 생선을 파는
시장 바닥에 쓰러져 죽는다면
훗날 사람들은 나를 무엇으로 평가하오리까?
이대로 시장 바닥에서 죽을 수는 없습니다.
선장은 배에서 죽어야 하고,
군인은 전쟁터에서 죽어야 하듯 선교사는
선교지에서 죽어야 합니다.
이 장소는 제가 죽을 장소가 아닙니다.
하나님, 나를 다시 한번 살려 주셔서
당신의 도구로 삼아 주소서.

이 집사님은 쓰러진 나를 부축하여 재송동에 있는 자신의 집으로 데리고 갔다. 집사님 댁은 방이 두 개 있는 14평 규모의 작은 연립주택이었다. 네 명의 딸이 한 방에서 생활하고 다른 한 방에서 내가 요양을 하게 되면서 집사님 부부는 어쩔 수 없이 사무실로 쫓겨나게(?) 되었다. 나는 후원자를 방문했을 뿐이고 집사님 부부는 선교사를 맞이한 것뿐인데 예상치 못한 일이 생겨 공연히 불청객 한 사람만 더 생긴 꼴이 되었다. 그러나 나는 그렇게 생각하지 않는다. 하나님께서 나를 이 집사님들께 보낸 것이라 믿는다. 다른 많은 후원 교회와 성도들이 있지만 하나님께서 이미 결정하시고 나를 이곳까지 부른 것이다. 만약 다른 곳에서 이런 고통이 찾아 왔다면 아마 제대로 치료도 받지 못하고 더 큰 일이 벌어졌을지도 모를 일이었다. 병원에서 검진한 결과 다름 아닌 탈진이 문제였다. 그렇기 때문에 갑자기 심장이 멈춰지는 듯 아팠고 하늘이 노랗게 보이며 머리가 띵해져 쓰러지게 된 것이다.

로뎀 나무 아래에 누워 자더니 천사가 그를 어루만지며 그에게 이르되 일어나서 먹으라 하는지라(왕상 19:5)

▶ 산지족 신학교 졸업식에서 신학교 교수들과 졸업생들과 함께 기념 촬영한 권 선교사

이분들은 정수기 판매 사업을 통하여 복음 전파와 생계를 이어가셨다. 그러나 결코 넉넉하지 않은 형편에도 불구하고 교회와 목사님들, 그리고 가난한 이들을 돕는 데 주저하지 않는다. 어려운 이들이 도움을 청하면 그 이상을 하시는 분들이다. 안방을 나에게 내어 주시고 두 부부는 사무실 시멘트 바닥에서 침낭을 깔고 주무셨다. 그때가 11월이라 상당히 추울 텐데도 새벽에 오셔서는 아침 식사를 비롯하여 한약과 개소주, 그 외 보양음식으로 하루 여섯 끼씩 한 달 동안이

나 돌봐 주셨다. 가끔은 영양제가 들어 있는 링거주사도 맞게 하셨다.

참으로 누가 이렇게 할 수 있을까 싶다. 부모 형제라도 이런 정성은 쉽지 않을 것 같다. 권 선교사를 살리기 위해 하나님께서는 '의사'가 되시고 집사님 내외분은 '간호사'가 되셨다. 네 명의 딸들 역시 협력자로 나를 돌보았다. 우리는 결국 주님 안에서 만난, 서로에게 귀한 존재였다. 집사님은 내 생명의 은인이다. 깊은 탈진의 협곡에서 사경을 헤맬 때 만약 그분들이 없었더라면 나는 어떻게 되었을까? 생각만 해도 끔찍하다. 그때 그분들이 한 달 간 보살펴 주신 결과 지금은 완전히 회복하여 산을 오르내리는데 전혀 문제없이 잘 감당하고 있다.

현재 내외분 모두 목사 안수를 받고 남편되신 최법기 목사님은 대전에 위치한 사랑의교회에 시무하시고 계시며, 이주열 목사님은 지방 여러 곳에 영성원을 세워 영적으로 굶주리고 메마른 영혼들에게 하나님의 귀한 말씀으로 영성훈련을 시키고 있는 중이다. 그 자녀들인 진주, 미림이, 율미, 희은이는 어느덧 어여쁜 숙녀들로 성장해 있다. 이렇게 글로서나마 그분들의 헌신적인 사랑을 다시 한번 감사드린다.

이후에도 목사님 내외분은 이곳 산지족에 있는 교회들과 신학교 건축을 위하여 많은 도움을 주셨다. 그러나 그 많은 물질과 사랑을 쏟아 부어 주셨지만 단 한 번도 어디에 쓰셨느냐고 묻지 않았다. 어느 날 내가 대신 물었다.

"왜 한 번도 묻지 않으시는 겁니까?"

"하나님을 믿기에 선교사님을 믿습니다."

어느 선교사님에게서 들은 이야기로는 어떤 교회에서 일정 금액의 후원비를 보내시고는 계속 심문하듯이 물어보는데 그 스트레스가 보통이 아니란다. 나는 무엇보다 서로의 신뢰가 중요하다고 생각한다. "하나님을 믿기에 선교사님을 믿습니다." 이 말씀은 너무나 귀하고 가슴 깊게 새겨야 할 말씀이라고 본다. 나는 이 말씀을 듣고 하나님 앞에 더욱 정직하게 살아야겠다고 다짐하였다.

그분들의 삶을 바라보면서 우리는 하나님 앞에서 어떻게 정직하게 살아야 하며 헌신된 사랑이 무엇인가를 배울 수 있었다. 아울러 그분들의 앞날 위에 하나님의 크신 축복과 선교의 열매가 주렁주렁 많이 열려 훗날 하나님 전에서 큰 상급을 받으실 것을 확신한다.

눈물을 흘리며 씨를 뿌리는 자는 기쁨으로 거두리로다 울며 씨를 뿌리러 나가는 자는 반드시 기쁨으로 그 곡식 단을 가지고 돌아오리로다(시 126:5-6)

헤드 헌팅

내가 필리핀에서 부족전쟁에 관하여 얘기를 하면 심지어 필리핀 선교사들조차도 믿지 못하는 눈치다. 부족전쟁에 관한 사실을 여기서라도 제대로 밝힐 수 있다는 것이 그나마 다행한 일이라 생각한다. 필리핀은 7천여 개의 섬으로 이루어져 있지만 사람들이 살 수 있는 유인도는 별로 많지 않으며 수많은 인종들이 얼마 되지 않은 땅에 분포되어 살고 있다.

확실히 언어도 틀리고 얼굴 모습도 다르다. 민다나오(Mindnao) 쪽의 원시림 속에 사는 원주민들도 있지만(더운 지역), 필리핀 루손섬 북쪽 산악지역의 산지족 원주민들도 있다. 스페인이 4백 년 전에 필리핀 해안선을 따라 침략하여 정복해 나갈 때 바기오 산악지역에서 9시간 아니면 더 많은 시간이 요구되는 거리에 거주하는 산지족들은 정복하기도 쉽지 않았고 할 필요성도 없다고 보았다.

분명히 필리핀 땅의 지역임에도 불구하고 '치외 법권' 지역처럼 된 것은 어제 오늘이 아니다. 이미 오랜 역사를 가지고 있는 곳이라 볼 수 있다. 우리가 필리핀 하면 금방 떠오르는 것은 '열대지역'을 생각할 수 있다. 물론 틀린 말은 아니다. 그러나 산속의 기후는 우리의 생각과 전혀 다르다.

앞에서도 이야기했지만 산악지역의 출발점이라고 볼 수 있는 바기오시의 높이는 약 1,500미터 정도 된다. 바기오 시의 온도가 일반적인 필리핀 기후와 10도 정도 차이가 나는 이유도 여기에 있다. 예를 들어 마닐라의 온도가 섭씨 30도라고 한다면 바기오 시의 온도는 섭씨 20도인 셈이다. 며칠 전(2008년 12월 16일쯤) 이곳 TV 방송에서는 바기오의 새벽 최저온도가 섭씨 7도가 되어 산악지역에서 재배하는 야채들이 얼었다고 보도했다. 사람들은 스키장에서나 입을 두꺼운 옷을 어디서 구했는지 얻어 입고는 몸을 덜덜 떨면서 예수님 오실 날이 다가온 것 같다며 우스갯소리를 하곤 했다. 이 산악지역인 바기오 마을도 늘 초가을 날씨를 느끼게 해 주는데 이곳에서 10시간 이상 더 가야 하는 선교지는 해발 2천에서 2천 5백 미터 되는 산악지역이기 때문에 추위가 더 심하다.

▶ 산지족 원주민들에게 복음을 전하여 한 영혼이라도 더 구원하고자 애쓰고 있는 권 선교사.

　각 부족들은 외부 부족의 침입에 매우 민감한 반응을 일으키고 경우에 따라서는 부족 간에 치열한 전쟁을 벌이기도 한다. 지금 와서 지난날을 회상하면 참 제 정신이 아니었구나 하는 생각에 섬뜩하다. 내 목숨이 두 개도 아닌데 겁도 없이 목숨을 내놓은 채 선교를 하다니 말이다. 나는 사실 겁이 많은 사람이다. 그러나 지금까지의 사역 과정을 돌이켜 볼 때 분명 나를 붙드시는 분이 계심을 확신한다. 그 분이 바로 우리를 도우시는 성령님이시다. 성령님께서 한국에 있는 나를 비키칸으로 불러 주시고 그곳에서 소명과 사명을 주셔서 지금까지 숱한 죽음의 터널을 무사히 통과할 수 있었다.

필리핀에는 엄연한 정부가 있고 산지족 원주민들도 정부의 통치를 받고 있음에도 가끔은 예외가 되는 경우가 있다. 산지족은 때로는 '영토 전쟁', '물 전쟁', 그리고 부족 간의 이해관계로 인하여 부족 전쟁을 일으킨다. 이렇게 되면 서로 죽고 죽이는 복수가 시작되는 것이다. 그리고 서로의 욕구가 충족될 때까지 이 전쟁은 계속된다.

'사클릿' 부족과 '사당가' 부족 사이에 얽힌 전쟁이야기를 하려고 한다.

도시에 살던 어떤 노인이 죽었다. 이 노인은 사클릿 부족 사람인데 시신을 사클릿 부족까지 옮겨갈 사람이 없자 사당가 사람 세 명이 이 시신을 힘들게 옮겨 오게 되었다. 이 세 사람은 고인의 가족들로부터 식사와 음식을 제공받았고 곡식을 썩혀 만든 술도 한 잔씩 마셨다.

잠시 후 두 명이 소변을 보기 위하여 잠깐 자리를 벗어났는데 그 사이 시신 곁에 남아 있던 한 명이 사클릿 부족의 한 사람으로부터 몽둥이에 맞아 죽는 사건이 발생한 것이다. 이유는 그 사람이 오래 전 부족 전쟁 때 몽둥이로 친 사람의 가족을 살해한 사람이었기 때문이다.

오랫동안 복수의 칼을 갈고 있던 중 기회를 살펴 복수를 감행한 것이다. 소변을 마치고 돌아 오던 두 사람들이 이를 목격하고 도망가는 사클릿 부족 사람을 끝까지 따라가 죽여 버리고 말았다. 이렇게 해서 사클릿 부족과 사당가 부족 간에 전쟁이 시작되었다.

사클릿 부족 사람들은 생필품을 구하기 위해서 본톡까지 가는데 그 중간에 사당가 부족이 있어 이곳을 지나가야 한다. 사클릿 부족으로서는 참으로 난감하기 그지없었다. 사당가 부족들은 지프니에 앉아 있는 사람들 중에 사클릿 부족임이 확인되면 그 자리에서 살해한다. 어느 날 어떤 사클릿 부족 노인이 부족전쟁이 일어난 줄 모르고 본톡으로 나가다가 영문도 모르는 채 목이 베이는 죽임을 당했다. 단지 사클릿 부족이란 이유에서다.

부족전쟁이 일어나면 부족뿐만 아니라 부족을 떠나 도시에 살던 사람들도 다시 부족으로 돌아간다. 내가 세운 '산지 신학교'에 사클릿 부족의 신학생이 있었는데, 사당가 부족 사람들이 삼삼오오 짝을 지어 그를 찾는 것이다.

"여기 사클릿 부족 사람이 공부하고 있다는 소식을 들었는데 이곳에 있습니까?"

▶ 원주민들의 장례식은 관도 없이 집의 문지방 또는 굴을 파고 그대로 매장한다.

▶ 아파야오 부족을 향하여

“아, 예… 여기 그런 사람 없습니다.”

“아니, 이곳에 있다고 소문을 들었는데, 우리가 한번 찾아봐야겠습니다.”

살기가 가득한 그들은 쥐 잡듯이 학교 안팎을 샅샅이 뒤지는 것이다. 우리는 기숙사 깊은 곳에 사클릿 부족 신학생을 숨겨 죽음의 위기에서 건진 적이 있다. ‘아니 지금이 어떤 시대인데….’ 문명 세계에서 살다 온 나는 아직도 지구상에 이런 곳도 존재하는가 싶었다. 아니면 내가 깊은 악몽 속에서 시달리고 있는 것은 아닌가. 이 일은 지금으로부터 7년 전의 이야기이고 부족전쟁은 그 후 3년 간이나 계속 되었다.

지프니를 타고 산지족 교회를 방문하다 보면 갑자기 길가에서 총을 든 사람들이 나타나 지프니 안의 사람들을 조사하는 경우가 있다. 마치 한국에서 헌병들이 차 안의 승객들을 일일이 검문하는 것처럼 말이다.

“잠시 검문이 있겠습니다.”

독기어린 눈빛으로 전쟁 상대방인 부족을 샅샅이 뒤진다. 그런데 한 가지 웃지 못할 사실은 총을 들고 있는 그들 가운데 우리 성도들도 있다는 사실이다. 나는 가지고 있던 사탕과 빵을 건네 주면서 다음과 같이 말했다.

"여러분, 싸우지 마세요! 전쟁을 멈추세요!"

"선교사님은 잠시 뒤로 물러나십시오."

이렇게 이들은 지프니마다 검색하며 살해할 사람을 찾고 있었다. 이들에게는 법도 없고 오직 복수만이 존재하는 것 같다. 복수는 계속 복수만을 낳을 텐데 말이다. 숨 가쁘게 긴장된 시간이 지나고 지프니를 타고 한 시간 가량 더 달렸을까? 갑자기 지프니가 멈춰 선다. 그런데 이것은 또 웬 말인가?

"잠시 검문이 있겠습니다."

또 다른 상대편 부족 사람들이 총을 들고 검문을 하는 것이다. 부족이라 확인되면 똑같이 그 자리에서 죽인다. 나는 역시 이들에게도 사탕과 빵을 나누어 주었다. 그들 중에도 역시 우리 교인들이 있었다. 참으로 마음 아픈 일이 아닐 수 없다. 아직까지 복음이 저들의 가슴 속에 자리잡지 못하고, 절제할 수 없는 이들의 분노를 잠재우지 못한 나의 무능함을 자책하며 깊은 책임의식을 느꼈다. 주님께서 저들의 마음 속에 주인이 되어 주셔서 새로운 크리스천으로 살아가기를 위하여 기도했다.

그가 내게 대답하여 이르되 여호와께서 스룹바벨에게 하신 말씀이 이러하니라 만군의 여호와께서 말씀하시되 이는 힘으로 되지 아니하며 능력으로 되지 아니하고 오직 나의 영으로 되느니라(슥 4:6)

몇 년 전의 일이다. 어느 날 계곡 길가에 목이 없는 시신이 나뒹굴고 있었다. 정말 끔찍한 일이었다. 그런데 자세히 살펴보니 우리 성도였다. 산지족 신학교 교회 예배에 곧잘 참석하곤 했던 나이 많은 성도였다.

'머리는 어디로 갔을까? 왜 이 노인은 이렇게 목이 잘리게 되었을까?'

사연은 이랬다. 지금으로부터 40년 전, 이 노인이 젊었을 때 바사오 부족의 한 사람을 살해했다. 그런데 살해 당한 자식이 성장해서 아버지의 복수를 한 것이다. 그는 목을 잘라 머리만 들고 바사오 부족으로 돌아갔다. 산지족 원주민들은 자기 부족이 해를 당하면 반드시 복수를 한다. 복수하지 않으면 다른 부족이 자기 부족을 얕보기 때문이다. 그래서 시간이 많이 흐른 후에도 잊지 않고 복수를 하는 것이다.

사당가, 사클릿 부족뿐만 아니라 띵나얀, 방앗, 소마들, 뚤가오 부족들, 그리고 이외의 부족들도 부족전쟁이 일어나면 전운이 감돌고 자연 우리 선교사역도 제자리를 맴돌게 된다. 아이러니하게도 그 부족들마다 내가 세운 교회들이 있다.

2008년 10월 24일, 우리가 세운 각 부족의 목회자들과 성도들이 띵나얀 부족에 모였다. 그곳의 주요인물인 '클레멘트 팍단'은 우리가 세운 교단(NLPC)의 노회장이다. '룹루바(Luplupa)' 부족 교회의 담임목사이기도 했다.

나와 클레멘트 팍단 목사의 주도하에 200여 대표들이 한 자리에 모였다. 그리고 한국의 촛불집회와 같이 '전쟁 없는 평화 촛불 대행진 대회'를 열었다. 서로서로 손을 잡고 부족전쟁이 없는 산지가 되게 해달라고 간절히 기도하였다. 그리고 우리 모두가 피스 메이커의 역할을 잘 할 수 있도록 함께 기도하였다. 이것은 하나님께 올리는 우리들의 간절한 소원의 기도였고 산지의 각 부족들에게는 평화의 중요성을 일깨우는 계기가 되었다.

저가 땅끝까지 전쟁을 쉬게 하심이여 활을 꺽고 창을 끊으며 수레를 불사르시는도다(시 46:9)

소녀의 눈물

2008년 4월, 내가 세운 60여 개 교회의 원주민 청소년 여름 캠프를 루손동부 대학에서 개최하게 되었다. 사실 청소년 여름 캠프를 개최한다는 것은 말처럼 쉬운 것이 아니다. 먼 곳에서 와야 하기 때문에 교통비도 마련해야 하고 3박 4일 동안의 숙식 문제 해결도 간단하지 않다. 하지만 이 일을 시작하신 분이 하나님이심을 믿기에 담대한 마음으로 시작했다. 정말 놀랍게도 하나님께서 200여 명의 청소년을 불러 주셨다.

숙박은 학교 교실에서 하게 되었고 전국 각지에서 온 청소년들의 교통비는 내가 부담을 했다. 저들을 사랑하는 것이 주님을 사랑하는 것이라 믿고 대학 건축비를 미리 앞당겨 써 버린 것이다. 나는 어떤 일을 계획하고 추진할 때 비교적 복잡하게 생각하거나 계산하지 않는 편이다. 예를 들어 이것이 나에게 주신 하나님의 응답이라고 생각하면 뒤도 돌아보지 않고 일을 진행한다.

나는 원주민 청소년들을 위하여 정말 유익하고 그들의 삶에 있어 꼭 필요한 프로그램을 마련했다. 첫날은 찬양, 기도, 말씀을 통하여 은혜 받는 시간을 가졌고, 낮 집회는 초청된 강사를 통하여 '기독교 윤리'와 '미래 청소년의 비전'에 대하여 강의를 하였다. 둘째 날 저녁에는 빵과 음료수를 커다란 통에 부어 자유롭게 먹고 마시면서 우리는 주 안에서 한 형제요 자매라는 크리스천 가족 의식을 심어 주기 위한 애찬식을 가졌다.

이들은 산지의 각 부족에서 왔기 때문에 도시로 내려오는 것이 쉽지 않고 서로 만날 형편도 되지 못한다. 그래서 우리는 빵과 음료를 서로 나누며 손에 손을 잡고 기도하면서 아름다운 교제를 가졌다. 한국은 아무리 어렵고 가난한 동네에 사는 청소년들일지라도 어느 정도 문화의 혜택을 누리고 살지만 여기 모인 청소년들은 절대 빈곤층으로서 문화시설이 전혀 없는 산지족의 무지한 아이들이다.

우리는 배가 고프면 이것저것 골라가면서 먹을 수 있지만 이들에게는 어떤 선택의 여지가 전혀 없다. 있으면 먹고 없으면 굶는 것이 그들의 삶이다. 그렇다고 남의 집에 가서 도적질하는 경우는 없

▶ 원주민 한 영혼을 위해 간절히 기도하고 있는 권 선교사

다. 오직 자연에 순응하면서 사는 사람들이다. 하나님께서 하늘에서 내려다보시고 부족한 나를 산지족 선교사로 세워 주셨다고 생각하니 그저 하나님의 은혜가 감사하여 뜨거운 눈물만 흘릴 뿐이다.

이제 마지막 날 밤이 되었다. 세숫대야에 물을 가득 붓고 수건을 허리에 동여맨 뒤 200명이나 되는 청소년들의 발을 일일이 다 씻어 주었다.

'당신의 제자 사랑의 겸손이 내게 가득 차게 하셔서 오직 제자들 에게 겸손의 향기를 나타내게 하시며 내가 밟는 산지마다 겸손의 향 기를 진하게 내뿜게 하셔서 그 향기를 맡는 원주민들마다 예수의 제 자가 되게 하소서.'

이천 년 전 예수님께서 제자들의 발을 씻어 주시며 겸손과 섬김 의 본을 보여 주신 것처럼 나도 이와 같이 기도하면서 산지족 청소년 들의 발을 씻어 주었다. 처음 경험하는 이 사실 앞에 많은 아이들이 너무 놀라고 송구스러워하며 때로는 조용히 눈물을 흘리기도 하고, 나를 부둥켜 안고 울기도 했다.

세족식을 마친 아이들은 삼삼오오 짝을 이루어 운동장 한 모퉁이 에 꿇어 앉아 서로를 위하여 진심으로 기도했다. 또한 학교 운동장에 모닥불을 피워 놓고 빙 둘러서서 좌우로 손을 잡고 자기 부족의 복음 화와 필리핀 민족의 복음화를 위하여 뜨겁게 기도했다.

나와 산지족 아이들이 필리핀 민족과 자기 부족의 복음화를 위하 여 올린 기도들은 하나도 땅에 떨어지지 않고 기도의 향이 되어 하나 님의 보좌 앞에 올라갈 것이다. 이 기도들은 훗날 응답되어 산지족과 필리핀 땅 위에 임할 것이며, 그 응답의 날들이 속히 오기 위해 우리

▶ 산지족 원주민 청소년 캠프를 루손동부대학에서 개최하여 함께
기도하며 사랑의 교제를 나누었다.

▶ 원주민 성도의 가정을 방문하여

는 오늘도 쉼 없이 기도하리라.

만군의 하나님 여호와여 내 기도를 들으소서 야곱의 하나님이
여 귀를 기울이소서(셀라)(시 84:8)

또 다른 천사가 와서 제단 곁에 서서 금향로를 가지고 많은 향
을 받았으니 이는 모든 성도의 기도들과 합하여 보좌 앞 금제
단에 드리고자 함이라(계 8:3)

우리는 기도를 마친 후 각 부족의 전통춤을 함께 추며 여름캠프
의 마지막 밤을 은혜롭고 감격스럽게 마치게 되었다. 다음날 아침,
산지에서 내려왔던 아이들이 각자의 부족 마을로 돌아가는 시간이
다. '부족 마을로 돌아가 봐야 그야말로 아무 것도 없는 궁핍한 삶이
존재할 텐데. 그래도 며칠 동안 먹을 것은 풍족했는데…' 다시 그 어
렵고 가난한 마을로 가는 아이들의 뒷모습이 너무도 안쓰러워서 두
눈에 눈물이 가득 고였다.
우리 대학에서 제일 먼 곳인 아파야오에는 7개 부족이 있다. 그중
에 한 교회를 담당한 기남감남 지역에서 시무하고 있는 카메론 전도

사가 보기에도 애처롭고 파리하여 금방이라도 쓰러질 것 같은 소녀를 내 앞에 데리고 나타나서 뭐라도 부탁하려는 듯 머뭇거린다. 죄송스러워서 말을 빨리 못하는 것 같았다.

"무슨 문제입니까? 어서 말을 해 보세요."

이때 카메론 전도사가 윗주머니에서 무엇인가를 조심스레 꺼냈다.

"선교사님, 이 아이에게 이 약이 꼭 필요합니다. 좀 도와주십시오!"

난 순간 당황했다. 실은 원주민 청소년 여름캠프를 풍족하게 진행하기 위해 내가 가지고 있던 돈이 모두 바닥났기 때문이다. 그러나 이 어린 소녀를 보고 있자니 무엇인가를 꼭 해야만 할 것 같았다. 그래서 호주머니를 샅샅이 뒤졌더니 우리 나라 돈 가치로 12,000원 정도의 페소가 손에 잡혔다.

"얘야, 이 돈이 내가 가진 것의 전부란다."

이때 이 아이가 내 곁으로 다가와 의자에 앉아 있는 나의 무릎에 고개를 파묻고 어깨를 들썩거리며 흐느껴 우는 것이다. 순간 당황했지만 이내 나는 그 아이의 눈물의 의미가 무엇인지 깨달으면서 내 마음 속으로부터 뜨거운 감정이 솟구쳐 올랐다. 사실 지난 18년 동안 한국 교회의 후원을 받아 이 사역을 감당해 왔지만 남에게 도움을 받는다는 것은 결코 쉬운 일이 아니었다. 때로는 자신을 포기하고 명예와 자존심을 스스로 짓밟아 버리지 않으면 할 수 없는 일들이 많았다.

때로는 남에게 도움만을 청하는 내 자신이 싫었고 또 부끄럽기까지 했다. 그런데 내 앞에서 울고 있는 소녀를 바라보면서 내 심령 깊은 곳에서 깨달음을 얻게 된 것이다. 결국 이 선교사역들은 주님을 위한 것이다. 작은 자에게 한 것이 곧 내게 한 것이라고 주님께서 말씀 하셨는데(마 25:40) 내가 무엇을 두려워 하겠는가!

> 임금이 대답하여 이르시되 내가 진실로 너희에게 이르노니 너희가 여기 내 형제 중에 지극히 작은 자 하나에게 한 것이 곧 내게 한 것이니라 하시고(마 25:40)

내가 주님을 위하여 자존심이 좀 구겨지고 내 명예가 손상이 된다 해도 십자가 상에서 갖은 멸시와 천대를 다 받으시며 굴욕을 당하신 예수님에 비한다면 선교사로서 한국교회에서 있었던 일들은 천분의 일도 안 되는 것이다.

내 품에 울고 있는 가난하여 헐벗고, 못 먹어 파리하게 되어 버린 아파야오 소녀의 모습에서 예수님의 형상이 비춰지는 듯하여 내 자신에게 큰 용기가 솟아났다. 내 자존심과 명예를 다 던져 버리고 다시 이 사명을 다하리라고 몇 번이나 다짐했다.

우리가 살아도 주를 위하여 살고 죽어도 주를 위하여 죽나니

그러므로 사나 죽으나 우리가 주의 것이로다(롬 14:8)

하나님의 두 자녀

하나님께서 1남 1녀를 우리 가정에 선물로 주셨다. 큰 딸 '애진'이와 둘째 아들 '태성'이다. 그동안 내가 목사라는 직분에 충실한답시고 자녀들에게 인색했고 따뜻한 시선으로 돌보지 못했다. 아빠와의 사이에서 아이들은 왠지 서먹서먹하고 짧은 대화만 오고갔다. 마음과 마음을 나눌 수 있는 대화가 없었던 것이다. 아빠로서 따뜻한 말 한 마디 제대로 한 번 못 했고 거의 엄마 품에서 성장해서인지 나보다는 따뜻한 엄마의 신앙을 많이 이어받았다. 내가 선교지로 온 후에는 유니세계선교회 본부에서의 내분으로 어려움이 찾아왔고 후원 또한 원활하지 못해서 아내와 자녀들은 어느 개인 주택의 뒷마당에 꾸며진 가건물에서 지내게 되었다.

나는 필리핀 선교지에서 1년 반 정도 앞서 혼자 사역을 시작하였다. 나는 나대로 사모와 자식들은 그들대로 어려움들이 많았다. 남의 집 뒷마당 가건물에서 사는 가족들을 생각할 때 외로움과 그리움이 교차하면서 나를 더욱 쓸쓸하게 했다. 아내와 자녀들은 물질의 곤고함으로 생활이 말이 아니었다. 선교사란 이유로 또 하나님의 종이라는 명분 아래 가족들을 방치해 둔 비정한 가장이라 생각하니 나의 가슴은 한없이 무너지는 느낌을 받았다. 그러나 나는 이렇게 믿고 있었다.

'나를 이곳에 선교사로 보내신 분은 주님이시고
나를 이곳에 파송하신 분도 성령님이시다.'

그래서 우리 식구를 하나님께서 책임져 주실 것을 믿고 1992년 척박한 땅 필리핀으로 가족들을 불러 모았다. 아이들이 처음 필리핀에 도착했을 때 애진이는 중학교 3학년이었고, 태성이는 중학교 1학년이었다. 아내와 아이들은 선교지의 열악한 환경을 그런 대로 '사명'이라는 명분 아래 잘 적응해 나갔다. 그런데 자녀 교육에 있어서 고민이 생겼다.

원주민 학교에 다니게 된 아이들이 학교 생활에 잘 적응을 못하는 것이다. 왜냐하면 수업을 '원주민 언어'로 진행하다 보니 이해하는 데 어려움을 겪기 때문이다. 그래도 시간이 흐르면서 누나인 애진이는 그런대로 필리핀 또래 아이들의 도움을 받아가며 동생과는 달리 학교 수업을 곧 잘 따라갔다. 그러나 태성이는 한국에서 뛰어난 성적을 유지했던 것에 비해 원주민 학교에서는 전혀 적응을 못하는 것이었다.

어느 날, 태성이가 삼 일을 작정하고 금식기도를 한다는 것이다. 우리 부부는 걱정이 되었지만 이를 허락했고 마지막 삼 일째 되는 날은 기도에 동참한다는 뜻으로 우리 부부도 하루 금식을 했다. 삼 일간의 금식기도를 마친 태성이가 하루는 이렇게 말했다.

"아빠, 나 좋은 학교 보내주세요. 나에게 투자하는 것이 곧 하나님에게 투자하는 거예요. 나, 아빠처럼 선교사가 될 겁니다."

중학교 1학년밖에 안 된 아들이 자신의 '입'으로 이런 말을 했겠는가 싶었다. 그 입을 주장하신 분은 하나님이시리라. 태성이의 조그만 입을 통해서 하나님께서 지난날 내가 중학교 2학년 때 주의 종으로 부르셨던 것처럼 내 아들을 선교사로 부르신 것이다. 하나님의 놀라우신 섭리에 그저 놀랍고 감사할 뿐이다.

이후 태성이는 다시 100일 작정 아침 금식기도를 시작했다. 그

▶ 아파야오 부족을 향해 가는 길은 정글과 진흙길을 가야 한다.
너무 더워 속옷 차림으로 한 영혼을 찾아 나서는 권 선교사

러나 막상 태성이로부터 선교사가 되겠다는 서원을 듣고 나의 고민은 깊어만 갔다. 우리의 사정으로는 도저히 그가 원하는 학교를 보낼 형편이 되지 않았기 때문이다. 나와 아내는 차마 말은 못하고 오직 하나님께 기도로 매달릴 뿐이었다.

그 다음해 봄에 노회가 열려서 한국을 방문하게 되었다. 노회원들 앞에서 선교 보고를 통해 산지족 원주민에 대한 실상을 자세히 알리고 사역 내용도 설명드렸다. 보고를 마치고 잠시 환담을 나누는 중

서울 사당동에 위치한 성진교회에서 시무하시는 황일동 목사님께서 찾아오셨다.

"권 선교사님, 그런 곳에서는 자녀 교육은 어떻게 합니까?"

나는 하나님께서 우리의 기도를 받으시고 계시는 것을 느끼며 목사님께 태성이에 대해서 말씀드리기 시작했다.

"목사님, 사실 그것이 제게 가장 시급한 문제이고 절실한 기도 제목입니다."

"그래요? 그럼 오는 수요일 저녁에 저희 교회에 오셔서 말씀 전해 주시고 아들에 대한 간증을 교인들에게 들려 주세요."

"예, 목사님 감사합니다. 그렇게 하겠습니다."

그래서 나는 그날 저녁 황 목사님이 시무하시는 교회에서 말씀을 전하면서 아들에 대한 간증을 했다. 그리고 그 목사님께서는 '아들 교육문제'를 놓고 성도들과 합심하여 기도하신 후 특별헌금을 거두어 내게 주셨다. 사백만 원이나 되는 큰 돈이었다. 나는 너무 감사했고 지금도 황 목사님과 성도님들의 그 사랑을 잊지 못한다.

어찌 이것을 우연이라 할 수 있겠는가. 참새 한 마리가 땅에 떨어지는 것도 하나님의 허락이 없으면 안 된다고 했는데(마 10:29), 하나님께서 태성이와 우리 부부의 눈물의 기도를 받으시고 황 목사님과 성도님들을 통해 미리 준비해 주셨던 것이다. 하나님의 세밀하신 섭리에 오직 감사할 뿐이다.

> 구하라 그리하면 너희에게 주실 것이요 찾으라 그리하면 찾아 낼 것이요 문을 두드리라 그리하면 너희에게 열릴 것이니 구 하는 이마다 받을 것이요 찾는 이가 찾아낼 것이요 두드리는 이에게는 열릴 것이니라(마 7:7-8)

필리핀으로 돌아와 태성이를 학교에 막상 입학시키려 하니 애진 이가 마음에 걸렸다. 정규 학과 과정이 10년제인 이곳 필리핀을 중학 교 3학년 때 왔으니 애진이는 1년만 더 다니면 필리핀 대학에 진학할 수 있었다. 정말 상황만 허락된다면 둘 다 좋은 학교로 보내고 싶었 지만 형편상 한 명은 포기해야 했다. 그래서 애진이를 앉혀 놓고 조 심스럽게 설득하기로 했는데, 주저함 없이 흔쾌히 수긍하는 것이다. 또 한번 하나님께 감사드렸다. 이렇게 하여 태성이를 브랜트 국제학 교(Brent International School)에 입학시킬 수 있었다. 감사하게도 한국에서의 성적이 좋아서 한 학년을 월반시켰다. 그리고 한 학기가 지나갈 무렵이었을까 학교 담임선생님이 이렇게 말하는 것이었다.

"태성이는 여기서 공부할 아이가 아닙니다. 마닐라에 가면 '훼이스 아카데미(Faith Academy)'라는 학교가 있는데 그곳으로 보내야 합니다. 그곳은 필리핀뿐만 아니라 동남아시아에서 흩어져 사역하시는 선교사님들의 자녀들이 다니는 학교이고 국제적으로 명성이 있는 학교입니다. 학비도 저희보다 저렴한 곳입니다."

아내와 나는 지금까지 아들의 교육을 책임지셨던 하나님께서 훼이스 아카데미에서도 지켜 주실 줄 믿고 함께 기도했다. 이후 브랜트 학교 선생님의 추천으로 입학시험을 치를 수 있었고, 일주일 후 합격 통지를 받았다.

"하나님! 감사합니다. 이 모든 영광을 주님께 돌립니다."

세월이 흘러 훼이스 아카데미를 졸업하면서 미국 장로교 재단에서 주는 장학금을 받고 미국 '칼빈 칼리지(Calvin College)'에 입학을 하게 되었다. 칼빈 대학에서는 생물학과 화학을 전공했다. 그러나 1학년을 마치고 방학이 되어 돌아온 아들의 성적표를 받아든 나는 매우 실망스러웠다. 성적이 기대에 훨씬 못 미쳤기 때문이다. 아들과 나는 내 생애 처음으로 진지한 대화를 나눴다.

"태성아, 우리는 하나님 앞에 최고의 것을 드려야 한다. 나중에 네가 선교사가 되었을 때 다른 사람들이 너를 향하여 '저렇게 공부

▶ 원주민 가정을 방문하여 복음을 전하고 있는 권 선교사

를 못하더니 결국 할 수 없이 선교사가 되었네.' 라고 비아냥거린다면 하나님께 영광이 되겠니? 네가 열심히 공부해서 최고의 것을 하나님께 드린다면 하나님은 기쁘게 받으실 뿐만 아니라 모든 사람들이 너를 통하여 은혜와 감동을 받을거야."

"예, 아버지 말씀을 마음에 새기겠습니다."

만일 그 예물이 가축 떼의 양이나 염소의 번제이면 흠 없는 수

컷으로 드릴지니(레 1:10)

부자 간의 진지한 대화는 새벽 두 시까지 이어졌고 나는 커다란 도전과 깊은 은혜를 받기를 기대하면서 원종수 권사가 지은 책과 간증 테이프를 아들에게 선물하였다. 이후 미국으로 돌아간 아들은 참으로 열심히 공부했다. 후에 그곳 유학생들의 입에서 태성이처럼 공부하라는 말이 나돌 정도였다고 들었다.

칼빈대학교를 우수한 성적으로 졸업한 태성이는 '조지 워싱턴대 의과대학원'에 입학하게 되었다. 칼빈 재단에서의 장학금도 계속 지급되었다. 그러나 의과 대학원은 일반 대학과 달리 많은 비용이 필요했다. 아들은 부족한 학비를 채우기 위하여 한인회 회장을 만나고 도움을 청하기도 하고, 감리교 재단의 도움을 받아 주일에는 교회 대형 버스를 운전했다. 그런데도 학비와 생활비를 감당하기에는 턱없이 모자라 조금이라도 숙박비를 아끼기 위해 선배들이 얻은 아파트 복도에 칸막이를 만들어 생활하기도 했다. 우리 부부는 태성이의 앞날을 위해 기도하면서 조용히 하나님의 역사를 기다리기로 했다.

그러던 중 서천 목양교회를 섬기시는 김하영 장로님께서 전주 O.K 교회를 섬기시는 문무양 장로님과 전주 팔복교회를 섬기시는 이영국 장로님 등 두 분을 모시고 선교지를 방문하게 되었다. 이분들을 인도한 김 장로님은 선교를 시작하던 초창기에 산지족 사클릿 부족 교회를 건축하셨고 15년 동안이나 우리의 사역을 위하여 기도와 물질로 후원하신 분이다.

그때는 마침 대학을 건축 중이었는데, 건축비가 모자라 지붕을 씌우지 못하고 있던 터였다. 나는 장로님들을 모시고 3층 옥상에 올라갔다. 그런데 맑던 날씨가 갑자기 어두워지더니 빗방울이 떨어지기 시작했다. 빗줄기는 더욱 굵어지고 바람까지 불어 그만 자재들이 날아 가고 여기 저기 비가 샜다. 지붕이 없어 비가 새는 것을 보고 안타깝게 여기신 김 장로님께서 이렇게 말씀하시는 것이다.

"권 선교사님, 여기 이 지붕 씌우는데 얼마나 듭니까?"

"예, 3천만 원 정도 듭니다."

사실 전체 지붕을 씌우는데 약 1억 원 정도 들어가지만 너무 큰 부담이 될 것 같아 차마 그렇게 말씀드리지 못한 것이다.

"그럼, 우리 셋이 각각 천만 원씩 하면 되겠네."

"장로님들의 뜻은 고맙지만 기도하시고 결정하시죠."

그때 문 장로님이 우리들을 향하여 이렇게 말씀하셨다.

"아따! 뭐 땀시 이런 걸 기도한다냐. 이런 건 기도하는 게 아니여.

우리가 하나님께 기도하면 하나님께서 하지 마! 그러시겠어? 이런 건 기도하는 게 아니여. 그냥 해 버리는 거지. 아멘! 할렐루야!"

대학 건축공사 현장 방문을 마치고 우리는 산지로 발걸음을 옮겼다. 우리는 긴 선교 여행길 내내 많은 대화를 나눌 수 있었다. 참으로 의미 있는 시간이었다. 필리핀 선교지에서의 아름다운 추억들을 뒤로하고 장로님들이 귀국하셨다. 나 역시 일상으로 돌아 와 선교지 방문과 공사현장 일로 바쁜 하루하루를 보내고 있었다. 그리고 두 달이 지났을까, 세 분의 장로님들 중 가장 젊으신 이 장로님께서 전화를 하셨다.

"선교사님, 중이 제 머리 못 깎는다고 문 장로님께서 선교사님 아드님에 대해 관심이 많으십니다. 어떻게 안 되겠습니까?"

이때 문득 내 머리를 스쳐가는 한 가지 사건이 떠올랐다. 대학 건축공사 현장에서 하시던 그분의 말씀들이었다.

"이런 건 기도하는 게 아니여. 우리가 하나님께 기도하면 하나님께서 하지 마! 그러시겠어?"

아버지의 신앙이 이 정도라면 자식들의 신앙은 더 물어볼 필요 없을 거라는 생각이 들었다.

"이 장로님, 안 될 게 뭐가 있겠습니까?"

나도 그만 이렇게 얼른 대답하고 말았다. 사실 문 장로님과 나는 서로의 자식들에 대해 사진으로조차 본 적도 없었기 때문에 지금 생각해 보면 절로 웃음이 난다. 나는 부모가 뿌린 씨앗은 자식이 거두고 자식이 뿌린 씨앗은 그 자식이 거둘 거라는 믿음을 갖고 있다. 그래서 그런지 나는 자식들이 배우자를 선택할 때 본인들의 신앙은 물론 부모의 신앙도 그 못지않게 중요하게 봐야 한다고 생각한다.

장로님과 전화 통화를 끝낸 후 미국에 있는 아들 태성이에게 전화를 걸었다.

"태성아, 네 신붓감 찾았으니 너 장가가라! 이름은 문주영이고 너하고 동갑이다."

"아버지, 우리가 무슨 조선시대 사람들이에요? 얼굴은 한 번 보아야 하지 않겠어요?"

가만히 생각해 보니 아들의 말도 맞는 것 같다. 그리고 문 장로님 입장도 마찬가지일 거라는 생각이 들었다. 그래서 우리 부부가 잠시 국내 일로 귀국한 동안 짬을 내어 대신 선을 보게 되었다.

드디어 대리 선을 보기로 한 날, 차분한 첫인상의 아이 모습을 보니 내 마음도 편해졌다. 아내와 함께 눈을 마주치며 무언의 OK 싸인을 냈다. 그 일이 있고 나서 태성이가 한 번 대면하고는 그 해 12월 결혼하게 되었다. 그야말로 초스피드였다.

그 후 문 장로님께서는 태성이를 친자식처럼 여기며 생활비와 학비를 대 주셔서 무사히 의과 대학원을 마칠 수 있었다.

어느 날 아들로부터 전화가 왔다. 마지막 졸업식이니 이번에는 가능하면 꼭 참석해 달라는 말이었다. 우리 부부는 몇 번이고 망설였으나 결국 미국 방문을 포기하고 말았다. 원주민들의 영혼 구원이 우선이라는 생각에서다. 사실 지금까지 우리는 필리핀 외에 다른 곳을 방문해 본 적이 없다. 어쩌면 아들에게 커다란 아픔과 상처가 될 수도 있다는 것을 알면서도 우리 부부는 사역에 열중하기로 했다.

"아들아, 네 졸업식에 참석하면 꽃 한 송이 전해 주며 '아들, 졸업을 축하해!' 하는 것으로 끝나지 않겠니? 그러나 우리 하나님께서 네 졸업식에 참석하셔서 너를 축하해 준다면 어디 꽃 한 송이가 문제이겠니. 네 일생을 책임져 주시고 축복해 주실 거야."

나는 결국 전화로나마 이렇게 아들을 달랠 수밖에 없었다. 미국 가는 경비를 생각해 한 푼이라도 아껴 산지족 영혼들에게 더 많은 은혜와 혜택을 줄 것이라 생각했기 때문이다.

또 비유를 들어 이르시되 천국은 마치 사람이 자기 밭에 갖다

심은 겨자씨 한 알 같으니 이는 모든 씨보다 작은 것이로되 자
란 후에는 풀보다 커서 나무가 되매 공중의 새들이 와서 그 가
지에 깃들이느니라(마 13:31-32)

고등학교를 일찍 졸업한 딸은 필리핀에서 대학교를 마치고 한국
으로 건너가 총신대학에 다시 입학하여 종교교육학과를 졸업했다.
한국에서도 많은 꿈을 펼칠 수 있었겠지만 모든 것을 뒤로 한 채 아
버지의 사역을 돕기 위해 필리핀 땅으로 다시 돌아왔다. 보통은 딸이
시집을 가고 아들이 남는데 우리 집은 그 반대가 되었다. 아들은 저
멀리 미국에 있고 딸이 내 곁에서 귀한 선교사역을 감당하고 있으니
말이다. 이것 또한 하나님의 은혜가 아니겠는가. 내 곁에서 아들처럼
든든하게 서 있는 모습을 보면 가슴이 뿌듯하다.

애진이는 이곳에서 산지족 선교와 더불어 대학 운영에 관련하여
전반적인 일들을 관리하고 있다. 선교사인 아버지를 돕기 위하여 스
스로 결정하여 이곳으로 온 내 딸이 한없이 고맙고 기특하다. 그리고
언젠가는 내 딸 애진이가 이곳 필리핀 선교 현장에서 원대한 꿈을 이
룰 수 있도록 최선을 다하리라 다짐해 본다.

지금 와서 생각해 보면, 지난 날 자식들에 대하여 보살핌이 부족

했음에도 불구하고 이들이 성숙하여 하나님의 기쁘신 뜻대로 삶의 방향을 잡고 사역하는 것을 바라볼 때 오직 하나님께만 영광을 돌릴 뿐이다.

또한 지난 날 아버지로서 자식들에게 따뜻한 말 한 마디 건네지 못하고 가족들과 함께 여행 한 번 가 주지 못했던 것을 생각하면 자식들을 볼 때마다 미안한 마음이 앞선다. 그저 고함지르고 야단만 쳤지 얼굴과 얼굴을 맞대고 자식들의 아픔과 고민을 한 번도 들어 주지 못한 지난 날들에 대한 아쉬움이 회한으로 남는다.

이제라도 하나님께서 내게 주신 두 자녀를 귀한 보물로 영원히 간직하며 살겠노라 다짐해 본다.

사모의 암 투병

chapter 28

1998년 봄, 한국 교회에 선교보고를 할 자료들을 준비하려고 바쁘게 움직이고 있는데 이번에 아내도 함께 가겠다고 한다.

그런데 이날따라 왠지 몸이 수척해 보였고 행동하는 것조차 힘들어 보였다. 하지만 피곤해서 일시적으로 그러겠지 하고 대수롭지 않게 여겼는데 한국에 도착해서도 크게 나아지지 않는 것이다. 하루는 지하철을 타고 이동하는데 아내가 손잡이를 잡는 것조차 힘들어 했다.

"당신, 힘들어?"

"나도 모르겠어요. 팔이 올라가지 않아요."

팔이 올라가지 않는다는 말을 듣고 며칠이 지난 후 우리는 신림 동에 있는 '물리 치료소' 에 가게 되었다. 원장님은 아내의 팔을 이리 저리 보더니 큰 병원으로 한 번 가보라고 권했다. 그래서 우리는 숙소에서 가까운 영등포에 위치한 한강성심병원에서 가슴 조직검사를 했고 일주일 후 결과를 보기로 했다. 일주일이 지나 담당 의사를 찾은 우리는 청천벽력 같은 소리를 듣게 되었다.

"선교사님, 사모님께서 이 지경이 되도록 어찌 모르셨습니까?"

아내가 유방암에 걸려 임파선으로 이미 전이되어서 수술을 한다 해도 6개월을 넘기기가 힘들다는 것이다. 하늘이 무너져 내리고 앞은 캄캄한 절벽을 만난 것처럼 어두워졌다. 항상 건강한 줄만 알았던 아내가 6개월을 넘기기 힘들다는 사실이 도저히 믿어지지 않았다. 나는 그동안 밖에서 받은 스트레스를 모두 아내에게 푸는 사람이었고, 아내는 그런 나를 짜증 한 번 안 내고 다 받아 주는 사람이었다. 사역을 앞세워 아내를 무시하고 사랑이란 이름으로 아내를 괴롭힌 적이 얼마나 많았던가. 그런 아내가 이제 6개월밖에 남지 않았다니…….

▶ 바탓 부족은 계단식 논으로 유명한 곳이다. 아내와 함께 피곤하고 지친 몸을 쉬고 있다.

▶ 아파야오 부족의 안립 교회를 향해서 우마차를 타고 아내와 함께 가고 있다.

담당 의사는 수술 시기는 이미 늦었지만 최선을 다해 보자며 수술 날짜를 잡아 주었다. 5월 20일, 수술실에 들어가기 전 나는 아내의 머리에 손을 얹어 안수기도를 했다. 나와 딸은 어머니와 함께 대기실에 앉아 수술이 끝나기만을 기다렸다. 같은 시간에 들어간 다른 환자들은 수술이 끝나서 회복실로 들어 가는데 아내는 몇 시간이 지나도 끝나지 않았다. 마음이 몹시 불안했다.

수술을 시작한 지 6시간이 지났을까… 아내의 수술이 끝나 회복실로 자리를 옮겼고 간호사의 지시대로 나는 아내의 이름을 부르며 마취에서 깨어나는 과정을 도왔다. 우리가 상상한 것 그 이상으로 가슴 부위를 많이 도려내었고 수술 부위 또한 상당히 커 보였다. 잠시 후 마취에서 깨어난 아내는 눈물을 흘렸다. 아무 것도 모르시고 기다리시던 어머니도 함께 눈물을 흘리시며 아내의 손을 꼭 잡았다. 아내는 수술 후 회복실에서 고통 속에 잠이 들었는데 이런 꿈을 꾸었다고 한다.

하늘에서 커다란 두 손이 내려오더니
그 손이 머리부터 온몸을 만지기 시작하는 것이다.
그 손이 닿는 곳마다 얼마나 뜨겁든지

자기도 모르게 '앗! 뜨거! 앗! 뜨거!'

소리 지르다가 아내는 꿈속에서 꿈을 깨게 되었다. 아내가 꿈속에서 보았던 커다란 두 손은 분명 우리 주님의 피 묻은 손이었다.

> 그가 찔림은 우리의 허물 때문이요 그가 상함은 우리의 죄악 때문이라 그가 징계를 받으므로 우리는 평화를 누리고 그가 채찍에 맞음으로 우리는 나음을 받았도다(사 53:5)

그리고 자기의 침상 주변에 많은 사람들이 둘러 서 있는 것이 보였다. 다시 그 커다란 손이 아내의 몸을 만지기 시작했다. 그 손길이 닿는 곳마다 얼마나 뜨거운지 비록 꿈속이었지만 그 뜨거움을 견디지 못하고 소리를 질러댔다. "앗! 뜨거! 앗! 뜨거!" 소리를 지르다 자신이 지르는 소리에 놀라 아내는 꿈에서 깨었다. 그때 스쳐가는 주님의 음성은 '나는 치료하는 여호와라' 는 말씀이었다. 그렇다! 우리가 사랑하는 주님! 전능하신 하나님은 치료하시는 하나님이시다!

나는 너희를 치료하는 여호와임이라(출 15:26)

　우리가 가진 모든 지식과 경험은 아무것도 아닌 것으로 여기고 참으로 겸손한 마음으로 주 앞에 무릎 꿇어 간절히 간구하고 부르짖기 시작하면 우리 하나님은 치료하기 시작하실 것이다. 우리의 병든 육체를 치료할 것이요, 우리의 상한 심령을 치료할 것이다. 우리의 빗나간 자식을 치료하여 주께로 돌아오게 할 것이며 깨어진 가정을 치료하여 하나 되게 하실 것이다.

　우리는 담당 의사와 상담한 후 퇴원은 했지만 마땅히 갈 곳이 없었다. 영등포 당산동에 막내 동생집이 있지만 거기에는 이미 칠순이 넘으신 어머니께서 기거하고 계셨기에 중환자인 아내를 그곳으로 데리고 갈 수도 없었다. 또 처갓집 역시도 사정은 마찬가지였다.

　그러는 가운데 신림동에 위치한 남서울중앙교회에서 시무하시는 정호영 목사님께서 교회에 조그만 기도실이 있으니 갈 곳이 마땅치 않으면 이곳에 머물면서 치료를 받으라는 것이다.

　목사님께서는 세 평 남짓한 방과 침대 한 개, 선풍기 한 대를 준비해 주셨다. 정 목사님은 참으로 사랑이 많으신 분이다. 오직 일생을 목회에만 전념하신 분으로서 교회를 크게 성장시켰으며 젊은 목

▶ 곧 무너져 내릴 것만 같은 흔들다리를 한국에서 온 단기 선교팀과 함께 주의 사랑을 듬뿍 담아서 건너고 있다.

회자들에게 귀감이 되시는 훌륭한 목사님이시다. 그동안 산지족 영혼들을 위해서도 많은 기도와 사랑의 물질로 후원해 주셨다.

6월 14일(월요일), 나는 더 이상 산지족 교회를 오래 비워 둘 수 없어서 아내를 남겨 두고 혼자 필리핀으로 떠날 수밖에 없었다. 떠나는 내 발걸음은 천근만근 무거웠다. 가난한 선교사를 만나 일생 동안 고생만 하다가 암에 걸려 남의 교회 기도실에 남겨 놓고 선교사역이라는 미명 아래 떠나야 하다니… 이렇게 가면 안 되는데 하면서도 갈 수밖에 없는 현실이 야속하게 느껴졌다.

'하나님 내가 나의 아내를 너무 고생시켰습니다. 나를 만나 희생밖에 한 것이 없습니다. 나에게도 한 번 기회를 주셔서 남은 일생 아내를 행복하게 해 줄 수 있도록 허락하여 주옵소서.'

이런 기도를 하며 한국을 떠났다.

아내는 2주에 한 번씩 항암제를 맞았는데 우리는 그렇게 항암제가 힘들고 고통스러운 치료인지 미처 몰랐다. 아내는 항암제를 맞고 나면 음식을 들지도 못하고, 토할 뿐만 아니라 방을 기어 다니면서 고통스러워했다. 몸이 조금 회복될 때쯤이면 다시 항암제를 맞아야 하는 일이 계속 반복됐다.

나의 고난이 매우 심하오니 여호와여 주의 말씀대로 나를 살아나게 하소서(시 119:107)

아내는 지금도 병원 앞에서 냄새를 맡기만 해도 몸이 경직되고 마음이 불안해진단다. 그런 연유로 병원 가기를 싫어한다. 시간이 흘러 8월 초순경에 아내가 염려되어 교회로 전화를 했다. 전화를 받은 아내가 전화통을 붙잡고 흐느껴 우는 것이다. 나는 병이 더 위독해진 줄 알고 급히 선교일들을 정리하고 8월 20일 한국으로 들어왔다.

아내의 얼굴을 보는 순간 창백한 얼굴에 온몸은 퉁퉁 부어 있었다. 나는 무어라고 위로할 말이 없었다. 그렇다고 아내 옆에서 계속 지켜볼 수 있는 일도 아니었다. 나는 곧바로 기도원으로 향했다. '하나님 살려 주세요, 고쳐 주세요.' 라는 말들이 입에서 나오지 못했다. 다만 주 앞에 꿇어 엎드려 주님만 불렀다. 내 생애 동안 이번처럼 간절하게 예수님을 향하여 부르짖은 적은 없었다. 3일 동안 이렇게 외쳤다.

"주여! 주여! 주여!"

그러는 가운데 내 심령 깊은 곳에서 샘물처럼 솟아오르는 한 말씀이 있었다.

진리를 알지니 진리가 너희를 자유롭게 하리라(요 8:32)

이 말씀은 2천 년 전에 예수님께서 자기를 믿는 유대인들에게 하신 말씀인데 오늘 그 예수님이 이 말씀을 나에게 주시는 것이었다. ‘진리를 알지니 진리가 너희를 자유롭게 하리라’ 는 이 고귀한 말씀을 붙들고 나는 계속 외치기 시작했다.

“진리가 너희를 자유롭게 하리라!”
“진리가 너희를 자유롭게 하리라!”
“예수를 믿을지니 예수가 너를 자유롭게 하리라!”
“예수가 너희를 질병에서 자유롭게 하리라!”

나는 무엇에라도 감전된 것처럼 공중전화 부스로 달려가 전화기를 대고 다짜고짜 아내에게 이렇게 말했다.

“당신, 예수 믿지?”
“예!”
“그 예수가 당신을 자유하게 하실 거야. 그 예수가 당신을 질병에서 자유하게 하실 거야. 그러니 이제부터 항암제 맞지 마!”

항암제의 고통 속에서 살아가는 아내는 항암제를 맞지 말라는 말이 반가웠는지 "아멘! 할렐루야!"로 대답했다. 나는 기도원에서 내려와 형제들과 가족들을 모이게 하고는 그 자리에서 이렇게 말했다.

"이제부터 이 사람은 항암제를 맞지 않을 겁니다. 진리를 알지니 진리가 집사람을 질병에서 자유하게 하실 겁니다. 우리는 예수님을 믿습니다. 그 예수가 우리 모든 고난에서 자유하게 하실 것입니다."

이렇게 나는 신앙고백을 했고 가족들에게 하나님께서 고쳐 주실 것을 선포했다. 어머니께서는 권사이셨고 형제들은 집사들이었기에 모두 기쁜 마음으로 아멘으로 회답할 줄 알았다. 그런데 내 예상과는 달리 어머니의 안색이 변하시면서 근심어린 표정을 지으셨다. 왜 의사의 지시를 안 따르고 항암제를 중단하느냐는 것이다. 의사도 하나님이 주신 은사요, 항암제 치료제도 하나님이 주신 것이니까 치료를 중단하면 안 된다는 것이다. 다른 형제들도 마찬가지였다.

가족들의 권면은 항의에 가까웠고 그들의 절대적인 권면으로 나의 신앙 의지는 점점 흔들리기 시작했다. 기도원에서 기도하며 받았던 주님의 확실한 응답은 점점 희미한 등불처럼 꺼져 가고 있었다.

우리는 할 수 없이 다시 병원에서 항암제를 맞기로 했다. 항암제를 맞기 전에 피검사를 통하여 백혈구 수치를 조사했다. 잠시 후 피를 받아갔던 의사가 환한 표정으로 돌아오더니, "선교사님! 수치가 정상으로 돌아왔습니다." 하는 것이다. 나는 내 귀를 의심하며 다시 한 번 물었다.

"이제 항암제를 맞지 않아도 되겠다고요."

우리는 밖으로 나와 뛸 듯이 기뻐했다. 무엇보다도 항암제 주사의 고통에서 해방되었다는 것이 기뻤고 또 우리들의 기도를 들어 주셨다는 사실로도 기뻤다. 우리는 주 앞에서 감사의 기도를 올렸고 하나님을 높이 찬양했다. 우리를 병들게도 하시고, 고치기도 하시고, 고난도 주시고, 축복도 주시는 그분에게 오직 감사했다.

보라 내가 너를 연단하였으나 은처럼 하지 아니하고 너를 고난의 풀무불에서 택하였노라(사 48:10)

망설임

아직도 몸이 활발하지 못한 아내를 남서울교회 기도실에 남겨 두고 나는 또 다시 선교지로 향하게 되었다. 선교지에서 혼자 밥을 해 먹으며 배낭을 짊어지고 옆에 물통을 차고 이 산지에서 저 산지로 이 부족에서 저 부족으로 정신없이 사역에 임했다.

정신없이 사역을 하다 보면 나도 가끔은 이런 생각을 할 때가 있다. '왜 내가 여기에 있을까? 이런 산골짝 험한 곳에 있을 사람이 아닌데, 내 사랑하는 아내는 어디에 두고 이런 곳에 홀로 있나? 도대체 나는 누구인가? 무엇 때문에 이 척박한 골짜기 한 구석에서 외로움의 눈물을 삼켜야 하나.'

생각해 보면 신앙 생활이란 내 결단과 내 의지만으로 할 수 있는 것이 아니다. 약하고 부족한 우리가 어찌 심오한 진리의 말씀을 쫓아

갈 수 있다는 말인가… 도저히 불가능한 일이다. 성령이 내게 충만하게 임하셔서 그분이 나를 다스리시고 통치하시고 이끄실 때만이 하나님께서 기뻐하시고 원하시는 온전한 성도의 삶을 살 수 있는 것이다.

이러한 믿음은 하늘로부터 오는 것이지 내게서 발생된 것이 아니라는 사실이다. 그분이 우리에게 성령으로 새 힘을 부어 주지 않으신다면 우리는 아무 것도 할 수 없고 아무것도 이룰 수 없음을 가슴 깊게 새기고 또 새겨야 할 것이다.

아내가 한국에 머무른 지 어느덧 5년의 세월이 흘렀다. 나에게 있어 이 시간은 무척이나 긴 세월이었다. 1998년 치료를 시작하여 2002년까지 아내는 한국에서 요양하며 기도 생활에 전념했다. 이 기간 동안 나는 필리핀 산지족 사역에 박차를 가하며 한편으로는 외로움과 고독으로 많은 눈물을 흘리곤 했다. 내가 말하는 외로움과 고독은 사춘기 소년 소녀의 감정이 아님을 이 책을 지금까지 읽은 독자들은 어느 정도 이해하리라 본다.

아무도 있지 않은, 아무도 걷지 않는 산악길을 해쳐가다가도 한국에 있는 아내 생각이 불연듯 떠오르면 내 영혼 깊은 곳에서부터 이슬 같은 눈물이 솟아 흐른다. 어느 노랫말에 '사랑을 하면 할수록 이

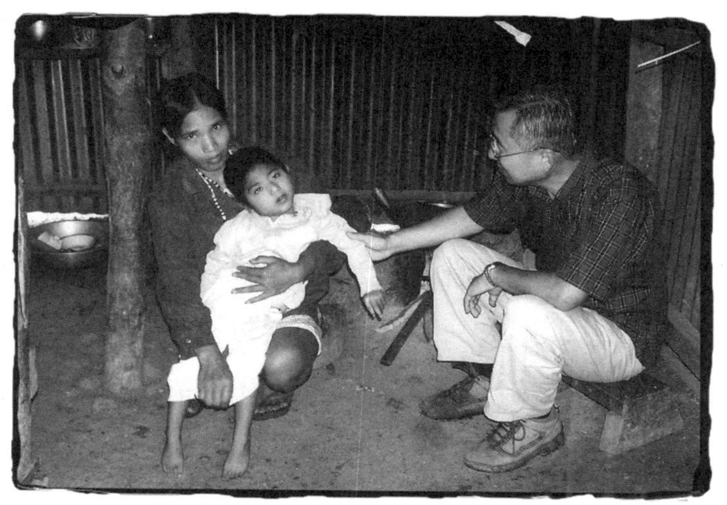

▶ 암바토 부족에서 한 뇌성마비를 앓고 있는 아들을 안고 있는 원주민을 위로하고 있는 권 선교사

렇게 외로워지는 것은 그대를 향한 나의 사랑이 너무도 깊기 때문에' 라는 부분이 있다. 아내를 사랑하고 또 사랑하는데 왜 외로워지는 것인지 모르겠다.

오랜 시간 한국에서 요양 아닌 요양을 하던 아내가 이제 다시는 필리핀에 돌아가지 않겠다는 말을 한다.

"이제 그만큼 하면 되지 않았습니까? 이제 그만 선교를 멈추고 한국에 돌아와 목회를 합시다. 당신 실력도 있는데 한국에서 목회를 한다면 나는 어디든지 당신을 따라 갈 수 있어요."

아마도 너무나 힘겨웠던 지난 몇 년의 세월 탓인지 아니면 약해진 기력 때문인지 그녀의 말은 간곡했고 애절하였다. 하지만 나는 무어라고 답변할 말이 없었다.

사실 나에게도 불타오르는 선교의 열정과 사명이 항상 넘쳐나는 것은 아니다. 20년 가까이 선교사역을 감당해 나가고 있지만 지금도 유일하게 변하지 않는 한 가지 기도 제목이 있다면 그것은 선교지 탈출(?)이다. 때로는 이 척박한 땅에서 벗어나고 싶고 탈출하고 싶은 욕망이 내 마음 깊은 곳에서 언제나 꿈틀거리고 있다.

아내의 신앙은 체험적이었고 믿음의 깊이도 더 깊어 항상 변함 없는 마음으로 주님의 사역에 열심이었다. 하지만 이제는 한국으로 돌아오라고 내게 손짓을 하고 있으니 내 마음은 혼란스러워졌다. 한편 이것이 하나님의 뜻이요 응답일지도 모른다는 생각도 들었다. 내 마음은 점점 철수해야겠다는 쪽으로 기울어지기 시작했고 그런 생각으로 2002년 4월 한국을 방문하게 되었다. 반가운 얼굴로 아내를 만났고 내가 생각한 것보다는 건강이 많이 회복되면서 안정을 찾아가고 있었다. 그러나 이 반가운 마음도 잠시, 내 마음은 무엇을 잃어버린 것처럼 공허했다.

하나님의 뜻이 무엇인지 몰라 혼란스러운 마음을 추스르고 있을 무렵 당시 SBS 오케스트라 바이올린 연주자이던 김신형 집사님께서 연락을 했다.

"목사님, 잠실에 있는 임마누엘교회(김국도 목사님 시무)에서 봄날 음악회를 개최하는데 꼭 오셔서 위로받고 가세요. 꼭 참석하세요."

내 처지를 생각할 때에 별로 참석하고 싶은 마음이 없었지만 집사님의 간곡한 부탁을 거절할 수 없어 그만 약속을 하고 말았다. 김 집사님은 연약한 듯 하면서도 강한 카리스마를 지니신 여자 집사님이다. 몇 년 전부터 '필그림' 선교중창단을 통하여 전국 각지를 돌며 크게 감동과 은혜를 끼쳤고 그분의 연주와 찬양은 하나님의 그 깊고 오묘하신 사랑을 우리 마음 깊은 곳에 가득히 담아 주시는 분이시다. 또한 김 집사님과 그 동료들이 산지의 부족들을 방문하면서, 생전 보지도 듣지도 못한 악기와 찬양을 통하여 우리 원주민들에게 또 다른 세계를 알게 해 주셨다.

음악회로 발걸음을 옮긴 나는 음악회장 한쪽 구석에 앉아 있었다. 출연진들은 매우 다양했다. 유행가 가수, 복음송 가수, 성악가, SBS 오케스트라 등등. 이어서 연극도 진행되었고 마지막 찬양곡으로 '거룩하신 하나님'을 연주하였다. 원주민들과 함께 불렀던 찬양을 SBS 오케스트라로 들으니 더욱 웅장하고 아름다웠다. 모든 청중들도 그 찬양에 매료되어 하나님께 영광을 돌리고 있었다. 하지만 나는 왠지 마음이 서글퍼지고 눈에서는 하염없는 눈물이 흘러내렸다. 그때 내 가슴 깊은 곳에서 한 음성이 메아리가 되어 들려왔다.

"권 선교사!
저 찬란한 무대의 조명 빛에 마음을 빼앗기지 마라!
저 찬란한 무대의 조명 빛에 네 사명을 잃어버리지 마라!
너는 다시 돌아가야 하지 않느냐!
저 산지의 불쌍한 영혼들을 결코 잊지 마라!"

이 말씀이 내 심령 속에 들려오자 '너는 다시 돌아가라'는 말씀에 더욱더 서러워 하염없이 눈물이 쏟아져 내렸다. 음악회는 다 끝나 청중들은 모두 밖으로 나갔지만 눈물, 콧물 범벅이 된 나는 부끄러워 차마 머리를 들고 나갈 수가 없었다. 고개를 숙이고 한참 머뭇거리고

▶ 2004년도에 세운 루손동부대학 밤방 캠퍼스 개교기념 행사에 학생들이 축하 공연을 하고 있다.

▶ 선교지로 이동 중 버스에서 지쳐 쉬고 있는 권 선교사

있는데 교회 관리 집사님이 오셔서 본당 정리를 해야 하니 일어나 주
시라는 것이다. 그래서 나는 교회 문을 열고 나오며 이렇게 외쳤다.

"그래요, 주님! 내가 다시 돌아갈게요.
2천 년 전 주님께서 거닐고 계신 곳이 아니라
지금 친히 거닐고 계시는 그 산지 현장으로 돌아갈게요."

이렇게 주 앞에 고백하자 그동안 내 마음 속에 자리잡은 공허함
이 사라지고 예수 그리스도의 기쁨으로 가득 차게 되었다. 그렇다.
우리가 살고 있는 세상이 아무리 풍요롭고 아름다워도 우리의 영원
한 안식처는 결코 아니다. 비록 우리가 이 땅에 발을 딛고 살아가고
있지만 우리의 마음과 시선은 하늘나라를 향해야 할 것이다.

주께서 나의 슬픔이 변하여 내게 춤이 되게 하시며 나의 베옷
을 벗기고 기쁨으로 띠 띠우셨나이다(시 30:11)

하나님께서는 김 집사님을 통하여 나를 부르시고 음악을 통하여,
그것도 음악회 하이라이트에 필리핀 성도들이 제일 좋아하는 곡인

'거룩하신 하나님'을 통해서 나에게 사명을 재확인 시켜 주셨던 것
이다. 나는 결코 사명을 망각하고 다시스로 도망가던 요나가 될 수는
없었다. 집으로 돌아온 나는 아내의 손을 잡고 이렇게 말했다.

"당신이 얼마나 힘들었으면 선교지로 돌아갈 수 없다고 말하겠
어. 그래, 당신은 이곳(한국)에서 열심히 주의 일 하고 필리핀의 불쌍
한 영혼들을 위해 나는 다시 돌아갈 수밖에 없을 것 같아."

이것은 결코 아내에게 지나가는 말로 한 것이 아니다. 이 말에 아
내도 더 이상 나를 설득하는 것을 포기하고 함께 필리핀으로 돌아왔
다. 그때가 2002년 봄이었다. 선교 현장으로 다시 돌아와 성도들의
얼굴을 다시 대면했다.

그러나 왠지 예전처럼 뜨거운 사랑의 감정이 일어나지 않았다.
원주민들의 모습을 볼 때 그들이 바보처럼 한심하게 느껴졌다. 무엇
보다 나는 이들의 가난이 싫었다. 지난날 나의 삶도 가난에 찌들었던
삶이었는데 또 이렇게 가난과 더불어 내 일생이 마쳐진다고 생각하
니 내 자신과 이들이 미웠다. 그리고 다시 이곳으로 나를 돌려보낸
주님이 원망스러웠다. 이보다 훨씬 풍요롭고 아름다운 세계가 있는

데 이들은 그것을 알지도 못하고 알려고 하지도 않다니… 이렇게 가난하고 험한 세상에 살면 예수라도 잘 믿으면 좋으련만 예수를 믿으라고 권면하면 미소만 지을 뿐 머뭇거리고 거들먹거리는 이들이 미워지고 화까지 치밀어 올랐다.

지난날처럼 선교의 뜨거운 열정이나 사명감이 불 일듯 일어나는 것도 아니었다. 그저 냉랭한 마음으로 그리고 의무적으로 무의미하게 그들을 대했다. 사람이란 누군가로부터 사랑받지 못할 때 괴롭고 아픈 것이지만, 그보다 더 괴로운 것은 내가 생명을 바쳐 사랑할 수 있는 대상이 없다는 것이다.

예전과 달리 이들은 더욱 더럽고 추하게 보였고 그들 곁으로 전혀 마음이 가지 않게 되었다. 그러던 중 '이푸가오'의 '나욘' 교회 건축을 마쳤고 교회 후원자들(에덴 샬롬 선교회)과 함께 교회 헌당식에 참석했다. 헌당식이 진행되는 동안 나욘교회 청소년들이 워쉽 댄싱을 통하여 하나님께 영광을 돌리는 순서가 있었다. 그들의 워쉽 댄싱은 모든 이들로 하여금 커다란 감동이었다.

특별히 우리 부부가 전에는 경험하지 못했던 성령의 감동이 우리에게 밀려왔다. 우리는 시멘트 바닥에 무릎을 꿇고 감격하여 눈물을 흘렸다(행 13:52). 전에는 별로 보잘것없는 어린아이들이었고, 눈만

뜨면 서로 머리를 들이밀며 이를 잡으며 냄새나는 아이들이었는데 그날은 마치 천사들이 하늘에서 내려와 춤을 추며 하나님께 영광을 돌리는 것 같았다. 그때 우리 부부는 감격의 눈물을 흘리고 있는데 주님의 음성이 내게 들리는 것이 아닌가?

"권 목사, 이 아이들을 위하여 네가 이곳에 남아 줄 수 없겠니?

이 아이들을 위하여 네 여생을 헌신해 줄 수 없겠니?"

이 일이 있은 후 이 아이들은 더 이상 예전의 원주민 아이들이 아니었다. 마치 주님께서 우리 앞에 미소 짓고 있는 것 같았다. 그때 다시 주 앞에 엎드려 기도했다.

"주님! 이들을 위하여 내가 무엇을 해야 할까요?"

짧은 순간이었지만 간절히 주님께 물었고, 내 마음 속에는 엄청난 도전과 충격으로 다가왔다.

"너는 배움이 없는 산지족 청소년들을 위하여 대학을 세워라."

필리핀 산지족 청소년들은 참 예쁘다. 그런데 이들이 15세가 되면 결혼하게 되고 아이를 하나 낳기만 하면 어렸을 때 그 예쁘고 사랑스럽고 귀여운 모습들이 사라지고 그들의 부모처럼 험한 모습으로 바뀐다. 왜 어린 청소년들이 쉽게 자신들을 결혼이라는 울타리 안으로 던져버리고 아무 미래도 없이 그 부모들과 함께 하루 세 끼 배를 채우는 것으로 만족하며 인생을 끝내려고 하는 것일까 하고 깊이 생각했다.

아! 이 아이들이 꿈이 없고 희망이 없기에 자신들의 삶을 결혼이라는 울타리 안에 쉽게 던져 버리고 포기하는 것이구나. 그렇다면 이 아이들에게 꿈을 심어 주고 희망을 심어 주자. 이 아이들을 위하여 학교를 세우자. 이 아이들에게 기술을 가르치고, 지식을 심어 주어 또 다른 세계가 있다는 것을 일깨워 주자. 도전의식을 갖게 하고 창조적인 꿈으로 이 아이들을 키워 보자. 사실 선교사인 내가 이곳에 대학을 세운다는 것은 계란으로 바위를 치는 격이겠지만 오직 믿음으로 첫 삽을 뜨게 되었다.

6년…… 오직 산지족 청소년, 그들만을 위한 어마어마한 하나님의 계획이 시작된 지 적지 않은 시간이 흘렀다. 600명으로 시작하여 1,000명, 1,200명, 2,400명, 3,000명, 3,500명…… 해를 거듭할수록 빠르게 성장하고 있는 학교와 그에 따라 늘어 가고 있는 학생 수를 보며 하나님의 뜻하신 바를 깨닫는 하루하루를 보내고 있다. 허나 이런 상황 가운데서도 한 가지 걱정하지 않을 수 없는 것은 이들을 수용할 수 있는 교실의 수가 너무나 부족하다는 것이다. 큰 돈이 있어서 건물을 한번에 지을 수 있는 것도 아니고 한 분 한 분 사랑과 기도

▶ 루손동부대학 밤방 캠퍼스 전경

▶ 루손동부대학 밤방 캠퍼스에서 말씀을 전하고 있는 권 선교사

▶ 루손동부대학 졸업식장에서 말씀을 전하고 있는 권 선교사

▶ 루손동부대학 졸업식에 학부모와 졸업생들

의 손길이 모여 지어지고 있는 터라 감사함은 이루 말할 수 없으면서
도 나의 눈앞에 닥친 현실이 또 내 마음을 짓누른다.

> 믿음은 바라는 것들의 실상이요 보이지 않는 것들의 증거니
> (히 11:1)

이 일을 계획하고 추진하시는 분은 하나님이시다. 그러므로 하나
님께서 일하시고 후원자들을 붙여 주시고 협력자들을 보내 주실 것
이다. 비록 처음은 미약하였으나 나중은 창대하리라는 약속의 말씀
을 믿는다(욥 8:7). 이제 내가 세운 대학들을 통하여 바울과 같은 신
학자와 선교사(행 22:3), 베드로와 같은 위대한 설교가(행 2:41), 두
아디라 성의 자주장사 루디아(바울의 선교사역을 돕던 여인, 행
16:14), 아브라함과 같은 믿음과 물질의 거부(창 24:1)들이 나올 줄
믿고, 또한 인류를 빛낼 훌륭한 인물들이 나오게 해 달라고 나는 지
금도 끊임없이 기도하고 있다.

마치는 글

산등성이에 석양이 지면서 온 산지가 저녁의 노을 속에 붉고 아름답게 물들어 가고 있다. 내 인생의 노년도 저처럼 아름답고 싶다. 지금 배움의 터전을 찾아 수많은 산지족 청소년들이 몰려들어 내 어깨를 짓누르고 있지만 저 노을 저 바람을 뚫고 마침내 견고한 축복의 반석 위에 서고 싶다.

어느 날 사역을 마치고 돌아오면서 깊이 생각한 것은 지난 20년 동안 이 험한 산악 길을 오르내려 왔지만 오늘날까지 이렇게 무사하게 사역할 수 있었던 것은 하나님의 은혜와 사랑의 돌보심이었다는 것을 느끼며 마음깊이 하나님 앞에서 감사를 드린다.

지난날 이 산악 길을 달리다 보면 차량이 금방이라도 부서질 것 같은 굉음을 내었고, 쉴 새 없이 떨어지는 낙석은 차량 앞 유리를 깨뜨리기도 했다. 흰 먼지를 하얗게 뒤집어 쓴 채 흔들거리며 달리는 버스 속에서 내 몸을 제대로 가누지 못할 정도가 될 때도 있었다.

어떤 때는 칠흑 같은 어둠 속에 산악길을 다녔는데 이것은 죽음과 같았고 공산게릴라의 잦은 출몰과 강도의 위협, 그리고 좁은 협곡은 항상 사역에 커다란 위협이 되었다. 우리 앞에 몇 번이고 위험한 순간들이 있었지만 그때마다 우리 하나님께서 눈동자처럼 돌보아 주셨다.

나를 눈동자같이 지키시고 주의 날개 그늘 아래 감추사(시 17:8)

나는 연약하고 깨어지기 쉬운 질그릇 같은 존재이다(시 22:15). 어찌 행복과 평안을 마다하겠으며 내일에 대한 희망과 소망이 없을 수 있으리요. 그러나 나는 이 사역들을 감당하기 위하여 행복과 평안함을 포기한 지 이미 오래다. 또한 나에겐 내일에 대한 희망과 소망도 없다. 다만 주께서 허락하신 오늘이 있을 뿐이다.

그리고 주위에 많은 선교사들이 "권 선교사님, 그동안 많은 선교의 역사를 이루셨군요. 수고 많이 하셨습니다. 많은 교회를 개척하여

성전을 지으시고, 산지족을 위해 신학교와 대학을 세워 산지족 청소
년들에게 꿈과 희망을 심어 주셨고 많은 원주민 성도들을 얻게 되었
으니 말입니다."라고 칭찬의 말들을 아끼지 않는다.

그러나 나는 결코 그런 칭찬에 마음을 빼앗기지 않는다. 선교사
들의 진정한 성공의 가치를 그런 것에 두지 않는다. 물량적 가치에
선교나 목회의 성공적 기준을 삼는다면 저 오지나 낙도에서 혹은 농
어촌 교회에서 이름 없이 빛도 없이 한 영혼을 마음에 품고 눈물 흘
리며 일하시는 그분들의 헌신을 어떻게 평가할 수 있겠는가! 선교
사의 진정한 성공은 한국교회 성도들의 기도와 박수갈채를 받으며
파송 받았던 선교지에서 결코 변하거나 흔들림 없이 또한 임의대로
선교지를 떠나는 것이 아니라 파송 받은 선교지에서 최후의 죽음을
맞이할 때 마침내 성공했다고 말할 수 있는 것이다.

> 나는 선한 싸움을 싸우고 나의 달려갈 길을 마치고 믿음을 지켰
> 으니 이제 후로는 나를 위하여 의의 면류관이 예비되었으므로
> 주 곧 의로우신 재판장이 그날에 내게 주실 것이며 내게만 아니
> 라 주의 나타나심을 사모하는 모든 자에게도니라(딤후 4:7-8)